山东省委党校（山东行政学院）基本知识培训系列教材

黄河战略基本知识

主　编　魏　东

副主编　王金胜　孙　琪

山东大学出版社
SHANDONG UNIVERSITY PRESS
·济南·

图书在版编目(CIP)数据

黄河战略基本知识/魏东主编.—济南:山东大学出版社,2023.2

山东省委党校(山东行政学院)基本知识培训系列教材/徐闻主编

ISBN 978-7-5607-7802-0

Ⅰ. ①黄…　Ⅱ. ①魏…　Ⅲ. ①黄河流域—区域经济发展—经济发展战略—干部培训—教材　②黄河流域—生态环境建设—干部培训—教材　Ⅳ. ①F127.2　②X321.22

中国国家版本馆 CIP 数据核字(2023)第 038799 号

策划编辑　刘　彤
责编编辑　刘　彤
封面设计　牛　钧　王秋忆

黄河战略基本知识
HUANGHE ZHANLÜE JIBEN ZHISHI

出版发行　山东大学出版社
社　　址　山东省济南市山大南路 20 号
邮政编码　250100
发行热线　(0531)88363008
经　　销　新华书店
印　　刷　山东和平商务有限公司
规　　格　720 毫米×1000 毫米　1/16
　　　　　15 印张　176 千字
版　　次　2023 年 3 月第 1 版
印　　次　2023 年 3 月第 1 次印刷
定　　价　52.00 元

前　言

黄河是中华民族的母亲河，奔流到海，奔腾不息。黄河宁，天下安。从古至今，黄河治理始终是安民兴邦的大事。黄河在孕育中华文明、哺育中华儿女的过程中，也因“三年两决口，百年一改道”“善淤、善决、善徙”而给沿岸人民带来过深重的灾难。黄河水患与治理成为千百年来中华大地上不断上演的豪迈壮歌。

新中国成立以来，中国共产党人高度重视黄河保护和治理。1952 年，毛泽东同志就提出“要把黄河的事情办好”，发出了治理黄河水患、开展综合开发利用、造福人民的伟大号召。党的十八大以来，习近平总书记多次视察黄河流域，提出了关于黄河流域治理保护和高质量发展的一系列新理念、新思想、新战略，特别是 2019 年 9 月 18 日在河南省郑州市主持召开黄河流域生态保护和高质量发展座谈会，正式把黄河生态保护和高质量发展上升为重大国家发展战略，提出“让黄河成为造福人民的幸福河”，使黄河保护和治理上升到一个新的高度，开启了新黄河时代。2021 年 10 月 22 日，习近平总书记在山东省济南市主持召开深入推动黄河流域生态保护和高质量发展座谈会并发表重要讲话，深刻阐述了一系列重大理论和实践问题，为做好新时代黄河流域生态保护和高质量发展指明了方向。党的二十大报告又把“推动黄河流域生态保护和高质量发展”作为区域协调发展的重要内容，就推动高质量发展、促进人与自然和谐共生等问题提出了明确要求并作出了具体部署。

黄河流域作为我国重要的生态功能区、人口密集区、经济集聚区、文化富集区，承担着重要的生态、经济、社会和文化功能。加强黄河流域生态保护治理，保障黄河实现长久安澜，促进全流域经济社会高质量发展，保护传承弘扬黄河文化，提高人民生活福祉，对于实现中华民族伟大复兴具有重要意义。黄河生态保护和高质量发展是事关中华民族切身利益的千秋大计，学习好、贯彻好黄河流域生态保护和高质量发展重大国家发展战略，既是黄河流域各省区人民、也是整个中华民族都应承担的伟大使命和历史责任。

山东是黄河入海前流经的最后一个省区，也是我国重要的人口大省、经济大省，是黄河流域的重要节点。习近平总书记曾明确要求，在黄河流域生态保护和高质量发展中发挥山东半岛城市群龙头作用。2021年10月，习近平总书记要求山东在推动黄河流域生态保护和高质量发展上走在前。近年来，山东省按照习近平总书记的重要指示要求，扎实推进黄河国家战略，紧扣生态保护和高质量发展两个关键主题，坚持系统谋划、全域统筹、一体推进，出台省委决定、省黄河规划、“十四五”实施方案和有关专项规划、政策措施等，全力推动黄河重大国家战略重点任务在齐鲁大地落地落实，为黄河流域生态保护和高质量发展作出了山东贡献。

党校（行政学院）是培训党员领导干部的主渠道、主阵地，是党和国家的重要智库。为更好地深入贯彻落实黄河流域生态保护和高质量发展重大国家战略，我们组织编写了《黄河战略基本知识》一书，以期为宣传黄河文化、传播黄河故事、加强生态保护、推动高质量发展作出自己的贡献。

本书是中共山东省委党校(山东行政学院)重大攻关创新教材项目的成果,是集体智慧的结晶。主编魏东负责审阅全部书稿。各章作者分别是:孙琪(第一章)、王金胜(第二章)、王建美(第三章和第四章)、刘志晓(第五章)、崔晓伟(第六章和第七章)、宁福海(第八章)、张蕾(第九章)、张彦丽(第十章)。在写作过程中,虽然作者们尽了最大努力,但受知识水平和能力所限,其中存在的缺陷和疏漏在所难免,敬请读者批评指正。同时,我们在写作过程中也参阅了大量同行专家的研究成果,在此一并表示诚挚谢意。

编 者

2022年11月11日

目 录

第一章　黄河流域概况

在祖国辽阔的大地上，黄河犹如一条蜿蜒的巨龙，一路奔流到海，显示出百折不挠的磅礴气势。她是中华民族的母亲河，哺育了勤劳勇敢、自强不息的中华民族，铸就了中华民族勇者不惧、一往无前的品格。先民们在黄河流域繁衍生息，辛勤劳作，创造了灿烂的黄河文明。黄河干流全长 5464 千米，水面落差 4480 米，流域总面积 79.5 万平方千米（含内流区面积 4.2 万平方千米），流经青海、四川、甘肃、宁夏、内蒙古、陕西、山西、河南、山东九省区，在山东省东营市垦利区黄河口镇注入渤海，是我国的第二长河、世界第五长河。

第一节　黄河及黄河流域自然概况

一、黄河的形成与发育

黄河是一条古老的河流，她的孕育、诞生、发展伴随着地质运动，经历了百万年的漫长岁月。据地质学家和考古学家研究，在距今150万年至110万年间，在现在的黄河流域范围内有许多古湖盆，这些湖盆是当地河流的归宿，湖盆之间并不联通，只是各自独立的内陆水系，但它们的形成和发育孕育着伟大的黄河。距今115万年至10万年间，黄河流域发生剧烈的地壳运动，使早有的湖盆和断断续续的河道逐渐贯通。距今50万年至10万年间，黄河流域内除个别湖盆还单独存在外，其他河流纷纷归入大河，黄河基本贯通，河道也基本定型。距今10万年至1万年间，黄河流域内的湖盆都已消亡，逐步演变成为上下贯通的一条大河——黄河。可以说，黄河孕育于距今150万年以前，在距今50万年至10万年间初具规模，在距今10万至1万年间上下贯通，形成了伟大的黄河。

在大约距今1万年时，因河道淤积抬高，古渤海海平面抬升，黄河不能继续顺畅地东流入海，洪水在大陆上泛滥肆虐，这才有了后来大禹治水的典故。

二、黄河河道的变迁

黄河以“善淤、善决、善徙”著称，有“三年两决口，百年一改道”之说。黄河河道的变迁在上、中、下游均发生过，但上、中游河段的演变对整个黄河发育的影响不是很大，黄河河道重大而频繁的变迁主要发生在下游。由于水少沙多，大量泥沙淤积在下游，长此以往，河道被淤塞，河水不能顺畅下泄，只好改道而行。历史上对黄河决口改道的记载有很多，目前专家们把黄河河道的重大变迁归为5次。研究人员把禹河（《尚书·禹贡》中描述的黄河河道，称为“禹河”或“禹王故道”）视为有资料记载以来最原始的黄河干流河道。

第一次重大河道变迁发生在公元前602年，黄河在黎阳宿胥口(今河南浚县西南)决徙,主流由禹王故道的东北流入渤海。这条河道一直维持到西汉时期,历经600多年,被称为“西汉大河”。

第二次大改道发生在公元11年,黄河在魏郡昭阳(今濮阳西)决口,洪水在冀鲁之间泛滥近60年,直至公元69年王景治河,形成新流路顺畅入海。黄河第二次大改道之后,形成了东汉河道,东汉河道保持了近千年,一直延续到北宋时代。

第三次大改道发生在1048年,黄河在濮阳商胡埽(今濮阳县东)决口,改道北流,夺永济渠从今天津入海。之后的10余年间,黄河又发生多次决溢。

第四次大改道发生在1128年11月,为抵御南下的金兵,东京(今开封)留守杜充在黄河南岸汲县与滑县之间(关于这次改道的地点,还有其他说法)掘堤御敌,使黄河南侵淮海,流入黄海。这一流路一直沿至清代后期,称“明清故道”。

第五次大改道发生在1855年6月,黄河在铜瓦厢(今兰考东坝头)决口,黄河夺大清河由山东东营入渤海,这是迄今为止最后次大改道。1938年,国民政府为了延缓日军西进,在郑州花园口扒开黄河堤防,黄河夺流改道入淮河,在豫、皖、苏泛滥长达9年。1947年6月花园口口门堵复,黄河回归故道,此后河道再无大的变迁。

三、黄河及水沙的基本特征

(一)黄河是世界上含沙量最大的河流,以“地上悬河”著称于世,其特点也多与泥沙有关

1.水少沙多,水沙关系不协调

全河多年平均天然径流量仅占全国河川径流总量的2%,但多年的平均输沙量为16亿吨,远高于长江的4.78亿吨。

2.河道形态独特

黄河下游河道为地上悬河，河床一般高出背河地面4～6米，有的地方高达20米。黄河下游河道上宽下窄，河势游荡多变，主流摆动频繁。

3.水土流失严重

黄河流经黄土高原，水土流失面积占黄土高原总面积的70.7%。这也导致了黄河下游河水泥沙含量高，河道持续淤积，河床高悬。

4.洪水灾害频繁

从先秦到民国的2540年中，黄河共决溢1590次，改道26次，平均三年两决口，百年一改道。

5.管理体制独特

在全国七大流域机构中，黄河水利委员会是唯一担负全河水资源统一管理、水量统一调度、直接管理下游河道及防洪工程等任务的流域机构。

（二）黄河水沙的主要特征

1.水少沙多，水沙关系不协调

在我国的大江大河中，黄河的长度和流域面积仅次于长江，居第2位，但黄河水量不及长江的1/20，而沙量却是长江的3倍。与世界多泥沙河流相比，黄河沙量之多，在世界大江大河中绝无仅有，这使黄河下游河道成为举世闻名的“地上悬河”。

2.水沙异源

黄河流域幅员广阔，地理条件差别很大，水沙来源的不平衡性非常突出。上游来水量占54%，沙量仅占9%，中游河口镇至潼关区间来水量占36%，沙量却占到89%。由此可见，上游是黄河水量的主要来源区，中游是黄河泥沙的主要来源区。

3.时间分布不均衡

黄河水沙存在着长时间段的丰、枯相间的周期性变化。同时因为水沙异源,所以丰水年不一定是多沙年,枯水年不一定是少沙年。

4.汛期与非汛期泥沙粗细差异大

汛期泥沙主要来源于暴雨冲刷造成的土壤流失,粒径较细,非汛期泥沙主要来源于河床冲刷,粒径较粗。

四、黄河干流河段的划分

黄河上、中、下游的分界有多种划分办法,黄河水利委员会根据水沙特征和地形、地质条件,以内蒙古托克托县河口镇与河南郑州桃花峪作为分界线,把黄河干流分为上、中、下游三个河段。

(一)上游河段

内蒙古托克托县河口镇以上为黄河上游,汇入的较大支流有43条,干流河道长3472千米,流域面积42.8万平方千米。其中青海玛多县以上属河源段,河源段内的扎陵湖、鄂陵湖蓄水量分别为47亿立方米和108亿立方米,是我国最大的高原淡水湖。上游大部分属宽谷,水量丰沛,间或几段峡谷,水流湍急,落差集中,是黄河水力资源的"富矿"区。

(二)中游河段

内蒙古托克托县河口镇至河南郑州桃花峪为黄河中游,是黄河洪水和泥沙的主要来源区,特别是粗泥沙的主要来源区,汇入的较大支流有30条。干流河道长1206千米,流域面积34.4万平方千米。河口镇至禹门口是黄河干流上最长的一段连续峡谷,水利资源也很丰富,峡谷下段有宏伟壮观的壶口瀑布。禹门口至三门峡区间,河长约1130千米,河道宽、浅、散、乱,冲淤变化剧烈,有"三十年河东,三十年河西"之说。

（三）下游河段

黄河干流自河南郑州桃花峪以下为下游，流域面积仅 2.3 万平方千米，干流河道长 786 千米。在长期排洪输沙过程中，下游河道不断淤积，河床逐渐高出两岸背河地面，成为地上悬河。由于黄河下游为地上悬河，因此地面汇入支流很少，只有金堤河和大汶河，下游河段也成为淮河和海河流域的天然分水岭。同样由于地上悬河的原因，从河南郑州桃花峪至山东东营入河口，除南岸东平湖至济南区间为低山丘陵外，其余河段全靠堤防挡水，临黄堤防总长 1400 多千米，历年防洪任务艰巨。

五、黄河断流

（一）断流概况

黄河干流第一次断流发生于 1972 年，此后断续发生，直至 1999 年。据统计，28 年间，有 22 年出现断流，共计 89 次，1091 天。其中，1997 年断流最为严重，断流时间最长，达 226 天，断流河段最长，约 700 千米。黄河断流，大部分发生在黄河下游河道济南及以下河段。2000 年，黄河水利委员会对黄河水量实行统一分配后，再未出现断流现象。小浪底工程建成后，于 2002 年开始调水调沙，2022 年 6 月 19 日至 7 月 7 日进行了第 21 次调水调沙。通过调水调沙，主河槽平均降低 2.6 米，下游河道过流能力由 2002 年汛前 1800 立方米每秒恢复到 2021 年汛前的 5000 立方米每秒左右，不仅实现了黄河连续多年不断流，而且还使黄河生态系统不断改善，取得了巨大的防洪效益和生态效益。

（二）断流特点

黄河断流共有五大特点：一是断流年份不断增加，二是断流次数不断增多，三是断流时间不断增长，四是年度内首次断流时间提前，五是断流河段不断上延。

（三）断流的影响

首先，黄河断流给经济造成重大损失。因黄河断流，农业受旱减产，工业生产受用水制约，产量受限，产品质量下降。其次，黄河断流对生活用水造成极大影响。城市供水不得不采取定量、定时、定点供水，农村人畜用水发生困难，严重影响了城乡居民的生产生活秩序。再者，黄河断流造成黄河口生态补水不足，生物多样性受到破坏，近海水域鱼类种类衰减，黄河三角洲湿地萎缩，生态系统退化，河口土地盐碱化。

六、黄河流域自然环境

黄河流域东西跨越 23 个经度，南北相差 10 个纬度，从源头到入海口，横跨青藏高原、内蒙古高原、黄土高原和黄淮海平原四个地貌单元，总流域面积 79.5 万平方千米（包括内流区 4.2 万平方千米）。中上游流域面积占总面积的 97%，下游因是“地上悬河”，流域面积只占总面积的 3%。整个流域地势西高东低，形成了三个阶梯，第一阶梯是青藏高原，第二阶梯是黄土高原，第三阶梯是华北平原，海拔高低差异悬殊。因此，流域内自然环境差异明显。

（一）流域气候特征

流域内气候差异明显，季节差别大、温差悬殊，上游“全年皆冬”，中上游地区为“长冬短夏，春秋相连”，其余地区为“冬冷夏热，四季分明”。

（1）降水集中，分布不均，年际变化大。流域内降水量差异很大，内蒙古高原、青藏高原区域部分年降水量 100 毫米以下，河套地区年降水量 200 毫米左右，其他中游地区降水量多年超过 500 毫米，下游区域年降水量丰沛，一般能达到 800 毫米。

(2)湿度小,蒸发大。黄河上游是国内湿度偏小的地区,“几”字弯地区属国内蒸发量最大的地区。

(3)冰雹多,沙暴、扬沙多。冰雹是黄河流域的主要灾害性天气之一,沙暴和扬沙主要由大风所引起,并且与当地(或附近)的地质条件及植被状况密切相关。

(4)光照充足,太阳辐射较强。

(5)无霜期短,这与流域纬度和海拔有关。

(二)水土状况

黄河流域土地资源相对丰富,总面积接近12亿亩。土地类型多样,山地和丘陵为主,平原仅占17%左右。流域内耕地有2.44亿亩,人均耕地面积是全国人均耕地面积的1.4倍。土壤类型多样,西部地区主要是有机质丰富的草甸土;东部为冲积平原,以潮土为主,易发生盐碱化;北部及中部呈现出栗钙土、棕钙土、风沙土、绵土、娄土、棕壤、褐土等各种类型土壤交错分布的特点。黄河流域是我国重要的农业基地。

黄河流域是缺水地区,黄河多年平均径流量535亿立方米,仅占全国河川径流总量的2%,在七大江河中居第4位。人均水量约为全国人均水量的23%,地下水资源仅占全国的15.9%,地表水资源仅占全国的7.8%。

(三)矿产资源

黄河流域蕴藏有丰富的矿产资源,已探明流域内共有37种主要矿产(全国有45种主要矿产),其中有全国性优势的是稀土、石膏、玻璃用石英岩、铌、铝土矿、钼等8种;具有地区性优势的有3种,分别为石油、天然气和芒硝;具有相对优势的有6种,包括天然碱、硫铁矿、岩金等。黄河流域矿产资源分布极广泛,又相对集中,十分有利于开发。

（四）能源

黄河流域不仅有丰富的传统能源储量，而且清洁能源和新能源开发也已具备相当规模。

中游地区的煤炭资源、中下游地区的石油和天然气资源都十分丰富，在全国占有极其重要的地位。已探明的资源储量中，煤炭资源占全国总储量的50%，石油、天然气分别占全国总储量的40%和9%。黄河上中游地区的水能资源丰富，可开发的水能源总装机容量和年发电量在七大江河中居第2位。内蒙古、山西、甘肃、宁夏、山东的风电并网容量占到全国风电并网容量的47%。黄河流域日照条件在全国范围内属于充足区域。目前，全国十大光伏发电基地大多数分布在黄河流域，在青海塔拉滩，已经建成全球最大的集中发电光伏电站群。

（五）自然灾害

黄河流域三大自然灾害是旱灾、水灾和水土流失。

旱灾：黄河流域资源性缺水，极易发生旱灾，是我国旱灾最严重的地区之一，历史记载的旱灾就有1000多次。1949年后，大批水利工程建成投入运行，流域的抗旱能力得到极大提高，但仍有相当一大部分地区经常发生严重旱情。

水灾：黄河水灾历来是黄河流域的巨大灾害，曾给国家和人民带来深重灾难，给经济社会发展造成极大破坏，给生态环境造成难以修复的影响，历史上的水灾记录数不胜数，可见黄河安澜始终是关系国计民生的大事件。

水土流失：这是黄河流域的又一严重的自然灾害，黄土高原平均每年每平方千米流失土壤3700吨。水土流失还使当地生态环境持续恶化，大量泥沙流入黄河，淤积抬高下游河床，形成“地上悬河”，加大了黄河治理难度，影响了大河安澜。

第二节　黄河流域区域介绍

一、青海省

黄河发源于青海省曲麻莱县，流经青海 16 个县域，流域面积 15.23 万平方千米。境内干流长 1694 千米，接近黄河干流总长度的1/3，多年平均出境水量占黄河总流量的 49.4%。

黄河发源于青海，但正源到底在哪里？黄河源头的确定几经波折。对黄河源头的探索自古有之，最早记载可见于《尚书·禹贡》，认为黄河发源于积石山，此外，《山海经》有“河出昆仑”的记载，后又有张骞出使西域、文成公主入藏等历史记录或文学作品涉及黄河源头。历史上第一次组织专门队伍对黄河源头进行考察是在元朝，当时考察队认为黄河发源于“星宿海”。清朝曾成立多支队伍去河源区考察测绘，形成了《水道提纲》一书，认为黄河发源于巴颜喀拉山北麓由两股泉水汇合成的阿尔坦河。

1952 年，黄河水利委员会组织人员对黄河河源进行了数月勘察，勘察队认为约古宗列曲（玛曲）为黄河正源。1978 年，青海省邀请科研人员进行实地考察，对河源有了新的认识，认为卡日曲比约古宗列曲（玛曲）长，水量也大，提出了卡日曲为黄河正源的建议。1985 年，黄河水利委员会综合考虑历史传统和各家意见，确认玛曲为黄河正源，并在约古宗列盆地的玛曲曲果（“玛曲”，藏语黄河的意思；“曲果”，藏语小河源头的意思，东经 95°59′24″，北纬 35°01′18″），树立了河源标志。

但关于黄河源头的争议远远没有停止，诸多科考活动还在进行之中。

黄河第一个流经的县城是玛多县，这里被称为黄河的源头。其实，根据现代河流定源原则，这里已不是真正意义上的黄河河源，只是历史上曾被认为是黄河源头，玛多在藏语里就是“黄河源头”的意思。玛多县境内有5000多个大小湖泊，有“千湖之县”和“中华水塔”的美誉，其中最著名的是扎陵湖和鄂陵湖这对“姊妹湖”。根据黄河水利委员会的划分，青海贵德龙羊峡以上为河源区，面积2.28万平方千米。

贵德是黄河流出河源区后的第一站，黄河在贵德水面宽阔，河流舒缓，黄河水在贵德有“天下至清”的美誉。“天下黄河贵德清”是国务院原副总理钱其琛2000年到贵德县视察时，对黄河贵德段的赞誉。黄河在贵德变清，主要原因是龙羊峡水电站对黄河来水和泥沙起到了拦截沉淀的作用，河水变得清澈透明，水天一色。另外，这也是多年植树造林、防风固沙、治理水土流失的结果。

黄河干流在青海是“一进两出”，第一次从青海久治县流出进入四川省石渠县、甘肃省玛曲县，然后又折返流回青海省。民和回族土族自治县是黄河第二次流出青海的最后一个县，境内的禹王峡是黄河流出青海的最后一个峡谷。

二、四川省

黄河在四川境内流经174千米，在四川与甘肃边界上飘然而过，是两省的界河，在若尔盖县唐克镇接纳了黄河的第一条重要支流——白河。四川境内黄河河段长度占全长的3%，却贡献了8%的水资源量。

若尔盖湿地被誉为“黄河之肾”，位于四川省若尔盖县境内，面积16670公顷，是我国面积最大、分布最集中的泥炭沼泽湿地，是我国三大湿地之一，也是高寒湿地生态系统的典型代表。若尔盖湿地涵养了大量水分，黄河有 30％的水来自若尔盖湿地。1994 年，若尔盖湿地自然保护区成立，1997 年晋升为省级自然保护区。

黄河冲出巴颜喀拉山之后，在甘肃玛曲县境内自西向东流淌，当流到四川省若尔盖县的唐克镇时，受山体阻挡，在甘肃省玛曲县与四川省若尔盖县的唐克镇交界处拐了一个 U 形大弯后，再次回到甘肃省玛曲县境内，形成了著名的总长度 433 千米的“天下黄河第一湾”。它位于四川、青海、甘肃三省交界处，一侧是四川省若尔盖县的唐克镇，另一侧是甘肃省玛曲县，玛曲就为这第一湾所环绕。经过这一湾后，黄河又流回青海。

三、甘肃省

黄河在甘肃境内干流总长度 913 千米，占全长的 1/6，干流流经 13 个地级市(州)。兰州是全国唯一黄河穿城而过的省会城市，黄河在兰州市域流经长度 150.7 千米，其中城区 47.5 千米。黄河重要支流洮河和湟水在甘肃境内汇入黄河。

黄河在甘肃“两进两出”，第一次流进甘肃是由青海的民和县流入甘肃玛曲县（此段黄河为四川、甘肃两省界河，河东为四川，河西为甘肃）。玛曲被称为黄河的天然蓄水池，是黄河上游最重要的水源补给区，补水过半。黄河到了玛曲，才真正成为大江大河。玛曲是整个黄河流域唯一一个以“黄河”命名的县城，在藏语里，玛曲就是黄河的意思。玛曲县 90％的面积是草原，是甘肃唯一不产粮食的纯牧业县。

黄河第二次进入甘肃是在临夏州。黄河水冲出积石峡后变得汹涌澎湃，在临夏段永靖县境内有所收敛，以优雅的“S”形孕育出中国西部的“在水一方”，形成了炳灵峡、刘家峡和盐锅峡三大峡谷组成的黄河三峡。在这里，建起了新中国第一座百万千瓦级水电站——刘家峡水电站。黄河在甘肃的水力资源极为丰富，干流沿线有刘家峡水电站等大小8座水电站。

黄河在甘肃境内有大大小小数十个湾，其中最著名的是位于青海、四川、甘肃三省交界处的“天下黄河第一湾”，第一湾环绕的内侧是甘肃玛曲县，弯的外侧是四川若尔盖县唐克镇。黄河出兰州后，浩浩荡荡一路向北，进入景泰县境内后，来了一个优美的回旋，如神龙摆动，形成了老龙湾，又掉头西行了。相传大禹治水始于小积石山，在这里留下了丰富的治水典故和传说。

四、宁夏回族自治区

宁夏回族自治区下辖5个地级市，总面积6.64万平方千米，是沿黄九省区中唯一一个全境都在黄河流域的省区。黄河在宁夏全长397千米，占黄河全长的1/14。

宁夏地处黄河上游，黄河冲出甘肃黑山峡后，在宁夏中卫市南长滩村进入宁夏。入境后，河水变得舒缓，引水灌溉条件得天独厚，宁夏平原在黄河水的滋养下变得富饶多姿，“塞上江南鱼米乡”的美誉由此而来。宁夏西、北、东三面分别被腾格里沙漠、乌兰布和沙漠、毛乌素沙漠围绕，年平均降水量不到全国平均水平的一半，而蒸发量却高达降水量的10倍，全境没有重要的黄河支流汇入。宁夏90％的水资源是黄河水，78％的宁夏人喝的是黄河水，60％的耕地灌溉用的是黄河水，所以说黄河是宁夏的生命河。当地俗语“天下黄河富宁夏”充分体现出黄河对宁夏的偏爱，也点明了宁夏因黄河而兴的这一特点。

五、内蒙古自治区

黄河从宁蒙交界处的都思兔河口流入内蒙古，境内干流长度

843.5 千米，覆盖中西部 7 个盟市，流域面积 15.2 万平方千米，托克托县河口镇是黄河上游和中游的分界点。境内汇入的黄河重要支流有大黑河。内蒙古黄河流域是自治区能源、冶金、化工产业的主要集中区。

九曲黄河来到内蒙古后，在辽阔的内蒙古草原上写下一个大大的“几”字，形成了黄河最大的一道弯——“几”字弯。在“几”字弯的顶端，巴彦淖尔市磴口县巴彦高勒（原三盛公）镇，坐落着万里黄河第一闸——三盛公水利枢纽。枢纽任务以灌溉为主，同时具有重要的防凌防汛功能。三盛公水利枢纽是河套灌区的源头工程，是我国唯一的一首制自流灌溉节制闸，承担着河套灌区 865 万亩农田的灌溉任务，是整个套区的水利大动脉。河套灌区号称“黄河北、阴山南、八百里河套米粮川”，经多年的发展，已建立起七级灌排体系，守护了“塞外粮仓”的安全。2019 年，河套灌区被列入世界灌溉工程遗产名录。

在“几”字弯那一横的南岸，盘踞着我国第七大沙漠——库布齐沙漠。沙漠东西长 400 多千米，南北宽 50 多千米，面积 1.86 万平方千米，是世界上唯一被整体治理的沙漠，植被覆盖率已达 53％。库布齐沙漠治理方案为世界提供了荒漠化治理的中国经验，展示了中国智慧，被联合国称为“全球治沙样本”。

六、陕西省

黄河在榆林市府谷县进入陕西，从入陕到出陕干流全长 719 千米，流经 3 市 13 个县（市、区），流域面积 13 万平方千米。黄河的重要支流窟野河、无定河和渭河在陕西境内汇入黄河。

河水从内蒙古河套平原流出后，迎面“撞上”了吕梁山脉，被迫由向东流调头向南，在黄土高原上辟开了一段黄河上最长的峡谷——晋陕大峡谷，写下了“几”字弯右边从北到南的那一竖，这是黄河最浓墨重彩的一笔。“万里黄河一壶收”的壶口瀑布是晋陕大峡谷上最为响亮的乐章，它是中国的第二大瀑布，世界上最大的黄色瀑布。龙门峡谷是黄河的重要咽喉，处于两种地形地貌交界处，上游是水流湍急的晋陕大峡谷，下游是河道开阔、水势平坦的滩涂湿地，相传“鲤鱼跃龙门”就发生在这里。晋陕大峡谷是山西、陕西两省的分界线，河东岸是山西，河西岸是陕西。黄河龙门至潼关这一段俗称“小北干流”，河床宽浅，水流散乱，主流游荡不定，东西摆动频繁，引起两省边界纠纷不断，素有“三十年河东，三十年河西”之说。

这里是黄河的核心区域，诞生了华夏民族的先祖轩辕黄帝，诞生了周、秦、汉、唐四朝文明，是中华民族的重要发祥地之一。西安是13朝古都，汉唐时期世界最大的城市，古丝绸之路的起点；延安是中国革命圣地，孕育了光照千秋的延安精神；秦岭是我国的南北分界线和重要的安全生态屏障。

七、山西省

黄河在山西省境内全长965千米，从偏关县老牛湾入境，由垣曲县碾盘沟出境，流经4市19县，流域面积9.73万平方千米，占全省面积的62.2%。在万荣县境内汇入了黄河的第二大支流汾河。

黄河从山西、陕西交界处由北向南奔流而下，是两省的分界线，因而，山西省与陕西省共有许多与黄河有关的地理景观。如壶口瀑布，东濒山西省临汾市吉县壶口镇，西临陕西省延安市宜川县壶口镇，壶口瀑布风景名胜区为两省共有的旅游景区。乾坤湾也是如此，它的一侧属山西省永和县，另一侧属陕西省延川县。黄河在永和县境内蜿蜒南行，扭曲成英雄湾、永和关湾、郭家山湾等七个湾，与乾坤湾相连组成了中国规模最大、最完好、最密集的蛇曲群，其中乾坤湾是蛇曲群中最美、最大气的一个湾。乾坤湾是一幅天然太极图，它的弯度超过 320°。相传，人文始祖伏羲曾在这里仰观天象，俯察地理，萌发灵感始创八卦。

在古代黄河上的重要渡口——蒲津渡（位于永济市古蒲州城西门外黄河东岸），曾安放着著名的黄河铁牛，是为稳固蒲津黄河浮桥而铸造的，起到固定索桥的作用，也称“唐开元铁牛”“镇河铁牛”。后因黄河东移而没入水中，1989 年 7 月被发掘出土，重见天日。著名桥梁专家唐寰澄先生在考察唐朝铁牛时曾称赞说这是一个具体的工程建设，有实际功能的艺术珍品，是技术和艺术有机结合的典型，是中国人民对世界桥梁、冶金、雕塑事业的贡献，是世界桥梁史上唯我独尊的永世无价之宝。黄河铁牛是黄河儿女不屈不挠与水患斗争的见证，也是黄河吉祥物中的第六个“河宝”平小牛的原型，是克己奉公、无私无我的“三牛精神”的象征。

八、河南省

黄河冲出晋陕大峡谷后，迎面“撞向”秦岭，随后掉头东流，在三门峡进入河南。黄河在河南全长 711 千米，流经 8 个地市，流域面积 3.62 万平方千米，黄河重要支流洛河、沁河和金堤河在河南境内汇入黄河。

三门峡是黄河进入河南第一站，相传三门峡名称由来与大禹有关。相传大禹为了治水，用开山神斧劈开了三道峡谷，分别是“人门”“神门”和“鬼门”。“神门”和“鬼门”水势险恶，仿佛只有鬼神才能通过，“人门”则水势稍缓，但也要小心行驶才能通过，因此得名三门峡。三门峡大坝下方激流之中，屹立着“中流砥柱”，相传这是大禹治水时留下的镇河石柱，是黄河上的一大奇观，代表着中流击水的勇气和自信。河南是黄河从峡谷走向平原、从中游转向下游的分界点。河水冲出郑州邙山后进入冲积平原，水流落差骤然变小，泥沙大量沉积，河床抬高，从而形成了“地上悬河”。黄河有“铜头铁尾豆腐腰”一说，河南就处于“豆腐腰”部位，是历史上水患灾害频发的地区。黄河“三年两决口、百年一改道”，其主要发生在河南段，开封上下六座城池叠压形成的“城摞城”奇观，正是黄河经常决溢泛滥给人民群众带来深重灾难的见证。

在黄河的最后一个峡谷——晋豫峡谷的出口，坐落着小浪底水利枢纽工程，它集减淤、防洪、供水、灌溉、发电等功能于一体，控制黄河径流量的 91.2%，黄河输沙量的近 100%，是治理黄河的关键性工程。小浪底大坝是中国治黄史上的丰碑，也是我国跨世纪的第二大水利工程，在世界水利工程史上留下了浓墨重彩的一笔。小浪底建成后，从 2002 年至 2022 年，已进行了 21 次调水调沙，黄河下游河道平均下切2.6米，极大地提高了行洪能力。

九、山东省

黄河从河南兰考县流入山东菏泽东明县后，在山东境内继续前行 628 千米，于山东东营垦利区注入渤海，山东是黄河流域唯一既沿黄又沿海的省份。黄河在山东境内干流长度占黄河全长的 1/12，流域面积 1.83 万平方千米，占黄河总流域面积的 2.3%，共流经 9 市 25 个县(市、区)。黄河下游的“地上悬河”河段大部分在山东境内。黄河最后一条重要支流大汶河经东平湖在泰安东平县境内汇入黄河。

小浪底水利枢纽投入运行前，黄河下游河道平均每年淤积4 亿吨泥沙，在河道和大堤之间形成了黄河滩区。山东境内滩区面积 1702 平方千米，生活着 60 万群众，深受黄河水泛滥之苦。为了改善黄河滩区群众生产生活条件，2014年，黄河滩区迁建工作开始试点，2017年全面启动。经过几年努力，完成了黄河滩区迁建任务，圆了滩区群众的安居梦。黄河东明段有56千米游荡型河道，河水在大堤之间翻滚前行，游荡多变。该段黄河正处于黄河“豆腐腰”位置，历年来是黄河防汛的重中之重，确保大河安澜的任务依然艰巨。

东平湖是黄河下游最大的滞洪区，它的作用就是当黄河水超过防洪标准时，就可以把黄河水引进东平湖，缓和一下防汛形势，恰似让黄河水暂且在东平湖休息一下再出发，所以东平湖也被誉为黄河洪水的“招待所”。整个滞洪区面积626平方千米，蓄水量最多可以达到30亿立方米。大汶河经东平湖汇入黄河，在大汶河的下游雄踞着戴村坝，它是大汶河向京杭大运河分水的重要水利工程，建于明永乐九年（1411年），被誉为“运河之心”，控制着大汶河97%的流域面积，有“江北都江堰”“天下第一坝”的美誉。

最后，黄河挟沙奔腾万里来到了东营，在入海之前将从黄土高原带来的巨量泥沙馈赠给了这片土地，形成了一片新陆地——黄河三角洲。黄河携沙造陆，使东营的土地不断增长，最多时可使东营的土地一年增加3万多亩。黄河三角洲湿地是我国暖温带最完整、最广阔、最年轻的湿地系统，横跨东亚—澳大利亚和环西太平洋两条鸟类迁徙路线，占全球8条鸟类迁徙路线中的两条，是全球重要的鸟类中转站和繁殖地，因此，黄河三角洲也被誉为“鸟类的国际机场”。黄河三角洲国家级自然保护区占地1530平方千米，经过多年的生态修复，鸟类由建区时的187种增加到368种，植物由393种增加到685种。鸟类是生态系统的晴雨表，环境好不好，鸟儿最知道。为进一步保护新生湿地生态系统、珍稀濒危鸟类和生物多样性，黄河三角洲国家级自然保护区正在争创黄河口国家公园。

作为黄河入海口城市，东营市共有 5 类 14 型湿地，面积大，湿地率高，重视湿地资源保护，2018 年荣膺“全球首批国际湿地城市”称号。

第三节 黄河主要支流介绍

黄河斗折蛇行，一路向前，干流多弯曲，河道实际流程为河源至河口直线距离的 2.64 倍。沿途直接流入黄河、流域面积大于 100 平方千米的支流共 220 条，它们与黄河干流共同组成了黄河水系。其中，流域面积大于 1 万平方千米的支流有 11 条。黄河左、右岸支流分布不对称，汇入疏密不均，流域面积沿河长的增长速率差别很大。黄河一级支流主要有白河、黑河、洮河、湟水、大黑河、窟野河、无定河、汾河、渭河、洛河、沁河、金堤河、大汶河。这些支流分布在从上游青海至下游山东的九个省份。

一、白河和黑河

白河、黑河是黄河上游四川省境内的两条大支流，位于黄河流域最南部，流经川北若尔盖高原，两河分水岭低矮，无明显流域界，存在同谷异水的景观，加之流域特性基本相同，被称为“姊妹河”。黑河(藏语称“墨曲”)因两岸沼泽泥炭发育，河水呈灰色而得名。白河(藏语称“嘎曲”)地势较高，泥炭出露不明显，河水较清。白河发源于红原县查勒肯，自南向北，流经红原县，至若尔盖县的唐克镇附近汇入黄河，河道长 270 千米，流域面积 5488 平方千米，干流均为土质河床。黑河发源于红原与松潘两县交界岷山西麓的洞亚恰，由东南流向西北，经若尔盖县，于甘肃省玛曲县曲果果芒汇入黄河，河道长 456 千米，流域面积 7608 平方千米。

白河、黑河流域属大陆性寒温带气候，地面高程在海拔3400米以上，气候特点是“冬长、夏无、春秋短”。多年平均气压为666～670毫巴，水的沸点很低，只有88℃左右。空气中的含氧量约为内地平原的40%～67%。年平均降水量为640～750毫米，是黄河流域年降水量的高值区之一。

二、洮河

洮河是黄河上游右岸的一条大支流，发源于青海省河南蒙古族自治县西倾山东麓，于甘肃省永靖县汇入黄河刘家峡水库区，全长673千米，流域面积25527平方千米，年输沙量0.29亿吨，平均含沙量仅5.5千克/立方米，水多沙少。在黄河各支流中，洮河年水量仅次于渭河，居第2位，是黄河上游地区来水量最多的支流。

洮河流域地处青藏高原东北边缘和黄土高原西部，兼有这两大地区的特点。地形类别复杂多样，上游为河源草原区；中游为土石山林区和黄土丘陵区，大多数地区草场辽阔、森林茂密，地面覆盖度高，水源涵养条件好；下游属黄土丘陵沟壑区，约占流域面积的27%，沟壑纵横，植被稀少，黄土裸露，水土流失严重，是流域泥沙的主要来源区。流域气候虽属大陆性，但因青藏高原和蒙古高原气候交绥的影响，大部分地区湿润多雨，降水量较大，除最北部年降水量近400毫米外，其余90%以上的地区年降水量均在600毫米以上，有些地区高达800～900毫米。洮河流出岷县后进入峡谷与川地相间地带，川地人口较多，农业集中，峡谷落差较大，水力资源丰富。

三、湟水

湟水是黄河上游左岸一条大支流，发源于达坂山南麓青海省海晏县境内，流经西宁市，于甘肃省永靖县付子村汇入黄河，全长374千米，流域面积32863平方千米，其中约有88%的面积属青海省，12%的面积属甘肃省。

湟水位于黄河流域西北隅，流域地貌的主要格局是三山夹两谷，构成了湟水干流与支流大通河两个并行但自然条件迥异的地理景观。湟水干流位于流域南部，两岸支流众多，呈平行对称排列，较大支流有药水河、西纳川、北川河、沙塘川、引胜沟等。湟水干流谷地主要地形为黄土丘陵，土层深厚，海拔比大通河低，气候温和，人口稠密，农业开发较早，水土流失较为严重。支流大通河位于流域北部，上游多沼泽，中下游为高山峡谷，河道长561千米。以两河交汇点计，它比湟水干流还长256千米。大通河流域面积15130平方千米，占湟水流域面积的46%。

湟水流域属大陆性气候，由于区内地形差异大，气温的时空变化也较大。西宁有首民谚："古城气候总无常，一日须携四季装，山下百花山上雪，日愁暴雨夜愁霜。"这首民谚形象地描绘了这一地区气候多变的特点。流域地势较高，气温偏低，是夏季避暑的好地方。降水量随海拔升高而增加，大部分地区年降水量300～500毫米，大通河可达600毫米以上。湟水干流与支流大通河的水沙情况有很大差别。湟水年平均径流量为46.5亿立方米，年平均输沙量为0.24亿吨。支流大通河年平均径流量为28.6亿立方米，沙量很少，是一条清水河流。

四、大黑河

大黑河位于内蒙古河套地区东北隅，是黄河上游末端的一条大支流，发源于内蒙古自治区卓资县境内的坝顶村，流经呼和浩特市近郊，于托克托县城附近注入黄河，干流长236千米，流域面积

17673 平方千米。流域内盆地面积 5154 平方千米，占流域面积的 29％，土地平坦肥沃，渠系纵横，是自治区的重要粮食基地之一。北部为山区，约占流域面积的 54％，其余为黄土丘陵区。在内蒙古境内，黄河流向由西向东，大黑河干流由东北方向流来，形成对流格局，故称“逆向支流”。

大黑河水系由东部的大黑河支流、西部诸支流以及哈素海退水渠三部分组成，水系的特点是干流和支流在山区均有固定流路，进入平原后则无固定流路，并多与灌溉渠道交织在一起，水系紊乱，排泄不畅。历史上大水之年，托克托附近常常是三面高水压境，南面又受黄河顶托，素有“万水归托”之称。

大黑河流域地处中纬度，属大陆性气候，冬季严寒少雪，春季干旱多风，夏季降雨集中。年平均降雨量 330～460 毫米，由东向西递减，年际变化大，年内分配不均。大黑河的水沙主要来自山区和丘陵区，年输沙量 600 万吨，主要集中在汛期。早在 200 多年以前，人们就已引用山区洪水淤灌农田。1949 年后有了更大发展，在干流和各支流上修建了许多引洪淤灌工程，节节引走洪水和泥沙，自 1968 年以来，除个别大水年外，大黑河的洪水很少流入黄河。

五、窟野河

窟野河是黄河中游右岸的多沙粗沙支流，发源于内蒙古自治区东胜区的巴定沟，流向东南，于陕西省神木市沙峁头村注入黄河，干流长 242 千米，流域面积 8706 平方千米，年径流量 7.47 亿立方米，年输沙量 1.36 亿吨，平均含沙量高达 182 千克/立方米，是黄河平均含沙量的 6.4 倍，泥沙颗粒粒径大于 0.05 毫米的粗泥沙占总沙量的 60％。因此，窟野河流域是黄河粗泥沙的主要来源区之一，对黄河下游河道淤积有严重影响。中下游的黄土丘陵沟壑是黄河流域土壤侵蚀最严重的地区。

窟野河流域地势西北高东南低，海拔高程从1500米降至740米，流域平均比降较大。水系分布为乔木树枝状，在神木房子塔以上分为两大支：西支为正流，称乌兰木伦河；东支为悖牛川，是最大的支流，河长109千米，集水面积2274平方千米，占流域面积的26%。两河合流后称窟野河，两岸为黄土丘陵沟壑区，支沟甚多，水土流失特别严重。流域西北部地区属风沙和干燥草原区，植被稀少，风蚀严重。窟野河流域是黄河中游常见暴雨中心地区之一，短历时暴雨强度可达每分钟2毫米以上，往往形成涨落迅猛的大洪水，含沙量极高。窟野河流域属黄土高原与荒漠地带接壤地区，气候干燥，生态环境脆弱，流域内煤炭资源蕴藏丰富。加速治理窟野河对改善生态环境、促进流域经济发展以及减少输入黄河的粗泥沙都有很重要的作用。

六、无定河

无定河是黄河中游右岸的一条多沙支流，发源于陕西省北部白于山北麓定边县境内，流经内蒙古鄂尔多斯市乌审旗，流向东北，后转向东流，至鱼河堡，再转向东南，于陕西清涧县河口村注入黄河，全长491千米，流域面积30261平方千米，平均年径流量为15.35亿立方米，年输沙量2.17亿吨，平均含沙量141千克/立方米，输沙总量仅次于渭河，居各支流第2位。

无定河流域地处黄土高原北部和毛乌素沙漠边缘，兼有高原和沙漠两种地貌特征。按地貌和水土流失的特点，流域内可分为三个类型区。一是风沙区，占流域面积的54.3%，地面为松散的沙土和沙质黄土所覆盖，水蚀轻微，风蚀剧烈；二是河源梁埫区，占流域面积的11.4%，沟蚀特别严重，年侵蚀量占流域年输沙量的

21.4%；三是黄土丘陵沟壑区，占流域面积的34.3%，水土流失严重，年侵蚀量占流域年输沙量的72.6%，是流域泥沙的主要来源区。多年来，无定河被列为水土保持治理的重点，在全面开展综合治理后，现如今已经取得显著成效。其中，榆林地区治沙成绩优良，流域内支流上修建了大量拦泥淤地坝库工程，特别是在无定河上游建成一系列蓄水拦泥的库坝，有效地拦减了泥沙。通过综合治理，流域的水沙流失已经有所改善。

七、汾河

汾河发源于山西省宁武县管涔山，纵贯山西省境中部，流经太原和临汾两大盆地，于万荣县汇入黄河，干流长710千米，流域面积39471平方千米，是黄河第二大支流，也是山西省的最大河流。汾河流域面积占山西省面积的25%，地跨47个县市，人口917万，耕地1760万亩，其人口和耕地分别占全省的37%和30%，其中水浇地719万亩，占全省的44%。许多重要工业城市，如太原、榆次、临汾、侯马等，集中分布在汾河的两大盆地中。

随着人类活动的影响，汾河流域的水沙已有较大的变化。1951～1959年，平均年径流量17.7亿立方米，年输沙量为0.71亿吨。1960～1978年，由于修建大量的水库工程和工农业用水迅速增长，平均年径流量减为14.4亿立方米，年输沙量减为0.28亿吨，较前期分别减少18%和60%。20世纪80年代以来，径流量锐减，流域内水资源供需矛盾突出，水资源紧缺是汾河流域的主要问题。

八、渭河

渭河位于黄河腹地大“几”字形基底部位，西起乌鼠山，东至潼关，北起白于山，南抵秦岭，流域面积13.48万平方千米，为黄河最大支流，于渭南市潼关县汇入黄河。渭河年径流量 100.5 亿立方米，年输沙量 5.34 亿吨，分别占黄河年水量、年沙量的 19.7％和 33.4％，是向黄河输送水、沙最多的支流。渭河流域范围包括陕、甘、宁三省区的 87 个县市，人口和耕地分别占黄河流域的 28.5％和 30.4％。宝鸡峡以东地区是有名的关中平原，大型灌区集中连片，大中城市很多，经济地位十分重要。

渭河两岸支流呈不对称分布，渭河干流偏于流域南部，沿秦岭北麓东流，河道长 818 千米，其中河源至宝鸡峡流经山区，河谷川峡相间；宝鸡峡以下，流经地堑断陷盆地，称关中平原，河谷宽阔，比降平缓，水流弯曲。南岸水系源于秦岭，流经石山区，大多是流程短、比降大、水多沙少的支流。北岸水系发育于黄土高原，源远流长，集水面积大，水土流失严重，是流域内主要产沙地区。较大支流多集中在北岸，其中大于 10000 平方千米的大支流有三条，即葫芦河、泾河、北洛河。泾河、北洛河虽属黄河二级支流，但因流域面积大，水沙来量多，其汇入地点离渭河口接近，多把它们作为独立水系进行研究，常与渭河干流并列，称为“泾、洛、渭”。

渭河下游河道比降平缓，入黄口附近河段历来受黄河河道摆动和洪水顶托影响。三门峡水库修建后，黄河河床淤高，渭河下游河道也发生溯源淤积，河道及洪水水位升高，洪涝灾害加重。

九、洛河

洛河发源于陕西省华山南麓蓝田县境，至河南省巩义市境内汇入黄河，河道长 447 千米，流域面积 18881 平方千米，流域平均宽 42 千米，流域形状狭长。其年平均径流量 34.3 亿立方米，年输沙量 0.18 亿吨，平均含沙量仅 5.3 千克/立方米，水多沙少，是黄河的多水支流之一。其流域范围包括陕西、河南两省 21 个县市。

洛河河流走向大致与黄河干流平行。流域内的土石山区占流域面积的45.2%，主要分布在中上游地区，植被较好，并有大片森林覆盖，水源涵养条件较好。黄土丘陵区占流域面积的51.3%，主要分布在中游地区，植被稀少，人烟稠密，耕垦指数较高，是本流域泥沙的主要来源区。冲积平原区只占流域面积的3.5%，分布于沿河河谷盆地。

洛河流域处于暖温带南部，年降水量大于600毫米，南部山区高达900毫米。流域内暴雨较多，而且降雨强度大，雨区面积也较大。暴雨中心常出现在流域中部。据历史资料分析，洛河是黄河洪水的主要来源区之一，由于洛河邻近黄河下游，洛河发生大洪水对黄河下游威胁很大。洛河中上游的峡谷段河谷狭窄，岩性坚硬，有许多优良坝址。洛河两岸支流众多，源短流急，多呈对称平行排列。最大支流为伊河，位于流域南部，以熊耳山与干流相隔，集水面积6029平方千米，占洛河流域面积的31.9%，流向与干流平行，河谷形态亦与干流相似。次大支流为涧河，位于流域北部，集水面积1349平方千米，占洛河流域面积的7.1%。这两条大支流都在洛阳至偃师间汇入干流，它们与干流一起组成扇状水系，往往伊、洛、涧河同时发生洪水，汇流集中，形成较大的洪峰流量。在伊河及洛河上，已分别建成陆浑、故县两座大型水库，起到了削减洪峰和开发利用水资源的作用。

十、沁河

沁河发源于山西省平遥县黑城村，自北而南，过沁潞高原，穿太行山，自济源五龙口进入冲积平原，于河南省武陟县南流入黄河。河长485千米，流域面积13532平方千米，流域内石山林区占流域面积的53%，土石丘陵区占流域面积的35%，河谷盆地占流域面积的10%,冲积平原区占流域面积的2%。

沁河流域年降水量自南而北递减,中上游平均为617毫米,下游为600~720毫米。年平均天然径流量为17.8亿立方米,其中82%来自五龙口以上,其余来自丹河。年平均输沙量为720万吨,80%集中在7~8月份。沁河流域是黄河三门峡至花园口间洪水来源区之一。沁河洪水有60%~70%来自五龙口以上。沁河下游河道两岸筑有大堤,全长150多千米,河床高出两岸地面2~4米,武陟县木栾店附近临背河悬差7~10米,与黄河干流下游河道相似,也是"地上河",历史上决口泛滥频繁。

十一、金堤河

金堤河发源于河南新乡县境,流向东北,经豫、鲁两省,至台前县张庄附近穿临黄堤入黄河。滑县以下干流长158.6千米,是一条平原坡水河流。主要支流有黄庄河(包括柳青河)、回木沟和孟楼河等。流域形状上宽下窄,呈狭长三角形,面积4869平方千米,总人口288万,耕地530万亩,金堤河流域所在地历史上是黄河决溢迁徙的地区。1855年,黄河在铜瓦厢决口改道北流,黄河河道两岸逐步修建堤防,太行堤、北临黄大堤与北金堤之间的水系几经演变成为今日的金堤河。

金堤河为季节性河流,河水来源除流域降水外,还有引黄灌溉区弃水、退水和黄河干流侧渗补水等。金堤河中下游于1951年辟为黄河下游北金堤滞洪区,并建有石头庄溢洪堰等工程。为有利于防汛,1964年将范县、寿张县由山东划归河南管辖。1977年废溢洪堰,兴建渠村分洪闸,用以防御黄河特大洪水。滞洪区面积为2316平方千米,约占流域面积的46%,人口125万,耕地242万亩。

本流域地处黄泛平原,长期以来水系紊乱,排水不畅,随着黄河河道逐渐淤高，金堤河入黄日益困难。流域内洪、涝、旱、碱、沙等灾害频繁。1965 年以来，疏浚了干流和主要支流河道，修建了张庄入黄闸，排水系统基本形成，洪涝灾害有所减轻。

十二、大汶河

大汶河发源于山东旋崮山北麓沂源县境内，由东向西汇注东平湖，出陈山口后入黄河。上游沂源——泰安段，又称“牟汶河”；大汶口至戴村坝为中游，称“大汶河”；戴村坝以下至马口为下游，称“大清河”，马口以下称“东平湖区”。全河河道长 239 千米，流域面积 9098 平方千米。

流域内地势东高西低，北高南低，北有泰山，东靠鲁山、蒙山，西、南为丘陵和平原。流域内山区占土地面积的 31%，丘陵占土地面积的 37%，其中，海拔 300 米以上的山丘只占土地面积的 1/6，泰山巍然耸立在群峰之上。流域内矿产资源丰富，尤其煤矿分布广泛，但经多年开采，储量已急剧减少。气候温和，雨量较丰，年均降水量为 640～760 毫米，但年际、年内分布不均，时有旱涝灾害。大汶河干、支流都是源短流急的山洪河流，洪水涨落迅猛，平时只有涓涓细流。大部分河道为中粗砂堆积，河身宽浅，没有明显河槽。大汶河口以上地区是大汶河洪水泥沙的主要来源区，干支流呈扇形汇集，流域面积达 5669 平方千米。大汶口至东平湖，河道长 89 千米，为平原性河道，两岸大部分河段设有堤防。

大汶河多年平均径流量约 18.2 亿立方米，年平均输沙量约 182 万吨，水、沙都集中来自洪水时期，年际水、沙丰枯悬殊。东平湖老湖区是浅碟形的平原湖泊，常年湖面为 209 平方千米，是东平湖滞洪水库的一部分，承担着滞蓄黄河及大汶河洪水的任务。

第二章　黄河流域生态保护和高质量发展战略的时代背景

黄河，这条大约在300万年前孕育、上百万年逐渐生成的大河，自青藏高原发端，流经黄土高原、华北平原一路蜿蜒曲折，始终奔流不息，最终在山东汇入大海。黄河作为中华民族的母亲河，孕育了伟大的中华民族，但由于特殊的河流状况，导致黄河历史上"三年两决口，百年一改道"，给沿岸人民带来了沉重灾难。"黄河宁，天下安""治国必先治黄"，这些名言警句反映出黄河保护和治理在中华民族发展史中的特殊重要性。一部治河史也是一部治国史。自1949年以来，虽然我们成功治理了黄河决口问题，流域经济社会发展取得了巨大成就，但正如习近平总书记指出的："我们也要清醒看到，黄河一直体弱多病，水患频繁，当前黄河流域仍存在一些突出困难和问题。"[①]因此，推动黄河流域生态保护和高质量发展对于保护人民福祉、确保国家长治久安、实现中华民族伟大复

---

① 中共中央党史和文献研究院.十九大以来重要文献选编(中)[M].北京:中央文献出版社,2021:197.

兴和永续发展千秋大计具有特殊的意义。

第一节　黄河流域治理历史演进

“河流是人类及众多生物赖以生存的基础，也是哺育人类历史文明的摇篮。”[①]在中华文明史中，自尧舜时期鲧禹治水开始，黄河的开发利用就成为关系国计民生的重要问题，也是中华民族历代人民必须面对的共同课题。水是生命之源，但水患也是生命之痛。“作为世界上最为复杂难治的河流”[②]，黄河的治理也在考验着人类的智慧。

一、中国古代黄河流域治理

黄河作为中华民族的母亲河，在中国历史上一直享有至高无上的地位，根据著名学者葛剑雄的研究，早在汉代黄河就被尊为“四渎”[③]之宗，奠定了它中华民族母亲河和中华文明摇篮的地位。

（一）黄河探源

黄河是世界第五大河、我国第二大河，但与其他河流不同的是其含沙量大，水沙异源。根据研究，黄河的起源大致分为三个阶段：第一阶段是距今 320 万年至 300 万年，当时黄河尚处于孕育期，作为黄河源头所在地的青藏高原以及甘肃一带还是海拔千米以下的“准平原”，该“平原”内水系发达、流向不定。而当时的华北平原等地还是古海洋。第二阶段是距今 247 万年左右，随着青藏

---

① 雷毅.河流的价值与伦理(序一)[M].郑州：黄河水利出版社，2007：1.

② 雷毅.河流的价值与伦理(序一)[M].郑州：黄河水利出版社，2007：1.

③ 四渎，指当时最大的四条河流，分别是黄河、长江、淮河、济水。参见葛剑雄.黄河与中华文明[M].北京：中华书局，2020：94.

高原持续上升隆起，海拔上升，使得原来的河流水系开始逐渐形成湖泊。第三阶段是距今160万年左右，这一时期地质构造发生巨变，青藏高原发生迅猛提升，使其板块边缘地带发生褶皱状断裂，形成了黄河生成区的阶梯状地貌。[①] 随着这种特殊地貌的出现，各种古代湖泊以及高山流水开始找到了汇聚流淌之处，形成了黄河的源头。也有研究指出，青藏高原在距今250万年左右抬升到2000米，促进了东亚季风的形成、冬季风的增强和中亚地区的植被恶化，引起了风成黄土堆积和黄河水系发育。在距今80万年至60万年，青藏高原抬升到3000～3500米，高原进入冰冻圈，而东北侧的黄土堆积加厚、面积扩大；在距今15万年开始进入了间冰期的“特殊暖热”阶段，冰川消融加速，河川径流增加，使黄河最终形成。[②] 而有研究认为：“到距今10万年至1万年间的晚更新世，黄河才逐渐演变成为从河源到入海口上下贯通的大河。”[③]无论哪种观点，其共识都是由于青藏高原的隆起形成了海拔4480多米的落差，使得黄河水迅速向下游倾泻，也使得一条百川汇集、万溪汇聚的大河——黄河在中华大地上诞生了。

根据考古学家的研究，黄河流域是我国古人类繁衍生息的主要地域之一。距今300万年至1万年的时期被称为“旧石器时代”。在我国发现的旧石器时代约2000处遗址中，有近一半分布于黄河流域。[④] 关于最早的古人类遗址尽管理论界有争议，但20世纪60年代，曾在山西省芮城西侯度村发现了距今已有180万

---

① 陈启文.大河上下——黄河的命运[M].合肥：安徽文艺出版社，2016：1.

② 张玉林.黄河叙事·上：关于它的泛滥和治理的历史札记[J].南京工业大学学报，2022(1)：2-3.

③ 黄河水利委员会黄河志总编室.黄河志·卷二·黄河流域综述[M].郑州：河南人民出版社，2017：3.

④ 葛剑雄.黄河与中华文明[M].北京：中华书局，2020：96.

年历史的古人类遗址，这比原来认为最早的云南元谋人还要早10万年左右，该遗址也被认为是目前我国最早的人类用火证据。如果此逻辑为真，西侯度村古人类被推测在黄河形成前20万年就已经存在的话，那由此可以认为，人类见证了黄河的形成演进。我们抛开这种争论，可以发现古老的中华先祖与黄河建立了密不可分的联系。

（二）古代黄河治理的探索

随着黄河的形成和人类活动的加剧，黄河和人类的关系也发生着演变，特别是黄河流经黄土高原给下游带来了大量的泥沙，随着黄河下游落差越来越小，特别是黄河在进入平原地区后，由于河道变宽，水流变缓，黄河泥沙开始沉积，逐步抬高黄河河床，从而使得黄河逐渐成为地上河。地上河抬高了地下水位，下大雨后不容易疏浚，容易形成水灾，一旦黄河遇到上游来洪水，就容易发生决堤、决口、漫灌等，形成水患，给沿岸人民带来沉重灾难。

1.鲧禹治水

面对不断出现的水灾水患，人类开始尝试进行治理活动。比较早的是大鲧治水。在尧时代，黄河水患严重，在别人的举荐下，尧任命鲧去治水，但鲧采用修筑堤防的措施，随着水位提高，堤防也在不断加高加厚，但洪水总要找到出处，最终各种堤防被冲毁，导致鲧治水九年，终于因为“功用不成、水害不息”而失败。后来到了舜时期，舜任命鲧的儿子禹去治水，与其父亲不同，禹采用疏导的方式，把影响水流的地方进行开凿疏导，使得洪水能够不断地向更低处流淌，大禹治水13年，最终使得洪水得到有效治理。

从鲧和禹治水的思路和措施来看，虽然其为父子，但由于采用不同方法，导致治水效果发生巨大的转变。“以堵治水”抑或是“以疏治水”，其背后反映的是关于人与自然关系的不同世界观、价值观，决定了采用不同的治水方略，必然会导致人与自然关系呈现不同的效果。鲧以堵治水，认为人定胜天，结果导致最终失败。而禹尊重规律、尊重自然、顺应自然，采取了以疏治水的方略，取得了治水成功，其在后来也成为继舜之后又一位优秀的为民造福的首领。从当时来看，对于鲧和禹的治水方式，虽然思路不同、效果相异，但本质上都体现了对黄河的治理需要，开启了中华民族治理黄河的开端。

2.瓠子堵口

在西汉时期，黄河经常泛滥，给当时的百姓造成了严重的水患。汉武帝时期，黄河在瓠子（今河南濮阳西南）决口，大量的洪水流入山东巨野地区，然后流入淮河、泗水等地，给老百姓造成巨大的灾难。汉武帝刘彻闻讯后，命令主爵都尉汲黯、大司农郑当时率人堵口，但是经过多次努力都没有成功，导致该段黄河持续 23 年泛滥成灾，灾区人民流离失所，造成了沉重的生命和财产损失。后来，汉武帝到泰山封禅时，了解到决口造成的惨状，决心再次进行瓠子堵口，并亲临灾区，现场指挥，官员中自将军以下都要背柴草木棒进行堵口施工，经过几番努力，最终成功地把瓠子巨口给堵住了。堵口成功后，汉武帝下令在堵口处修筑“宣房宫”，并且作了《瓠子歌》以纪念瓠子堵口。

西汉著名史学家司马迁也参与了瓠子堵口，后来写作的《河渠书》，成为我国第一部水利通史。根据《河渠书》的记载，西汉时的武安侯田蚡为丞相，他的奉邑在鄃县，鄃县位于黄河以北，而瓠子决口使水向黄河故堤以南倾泻，黄河北基本不受影响。因此田蚡给皇帝进言说，江河的决口不决口都是上天的事，不宜用人力来强加堵塞，堵塞了也未必符合天意，后来皇帝也就不再考虑堵塞决口的事情了。这也是黄河施虐 23 年的一个重要原因。一直到汉武帝巡祭泰山，发现水灾严重，才开始再次决定堵口。

瓠子堵口作为我国水利史上的壮举，也是中华民族治理黄河水患的壮举，在历史上留下了浓墨重彩的一笔，成为黄河治理上的重要典故。

3.王景治河

在西汉末年，由于西汉国势衰微，黄河治理不力，后来出现了持续60多年的水患。到东汉永平年间，汉明帝听说王景在水利治理方面很有才干，就委派王景、王吴等人率领10万兵民，开展大规模黄河水利治理工程，使得此后黄河实现了“八百年安流”，一直到唐朝末年未出现大的决溢。甚至在清朝之后有人赞许说“王景治河，千载无恙”[①]。王景等人采用疏浚淤塞、凿山破礁、裁弯取直、加固险工和修筑自荥阳东至千乘海口500余千米的堤防，还采取了修建水闸来调节水流水量，既有利于实现农田灌溉，也有利于实现减少黄河水患。而王景也因为治理黄河有功，被朝廷“三迁为御史”。

总体来看，王景治河的成功之处在于因势利导，以疏浚为主。由于当时的生产力水平和生产工具非常落后，不可能实现长久安澜，但其采用“商度地势，凿山阜，破砥绩，直截沟涧，防遏冲要，疏决壅积，十里立一水门，令更相洄注，无复遗漏之患”[②]等措施。而《明帝纪》中也记载称：“今既筑堤，理渠，绝水，立门，河、汴分流，复其旧迹。”[③]尽管不同的文献记载略有差异，但都认为其采取了综合治理的方略，坚持修堤理渠并重，尊重水流的规律和黄河水季节性泛滥的特点，因此才成功控制了水患。

---

① 刘朔.从《王景治河辨》看东汉王景及其治河的历史贡献[J].名作欣赏，2017(2)：71-72.

② 刘朔.从《王景治河辨》看东汉王景及其治河的历史贡献[J].名作欣赏，2017(2)：71-72.

③ 方宗岱.对东汉王景治河的几点看法[J].人民黄河，1982(3)：62-63.

4.宋元时期的黄河治理

东汉王景治河后,尽管也出现过中下游溢堤,但是没有出现过决口。根据谭其骧的研究,在唐代的近 300 年中黄河出现溢堤 16 次,次数比西汉多,但多是溢而不决,危害不重。① 到了北宋时期,黄河的决溢次数和危害越来越严重,而这被著名学者钱穆看作是黄河向害河转变的重要时期。钱穆先生在《水利与水害》一书中指出:"自唐以前,黄河之安流是常态,而溃决为变态。自宋以后,则溃决为常,而安流为变。"②

对于宋朝时期黄河由利变害的原因,大多认为是由于黄河水害增多,为了治理黄河水患,不断砍伐沿岸的山林,破坏了地表植被,加剧了黄河决溢的风险。同时,由于当时官员腐败、政出多门等因素制约,治理黄河的效果并不理想。虽然在这一过程中,宋朝也设置了专管河务的"河堤判官"制度,由各府州的通判一职官员担任,建立了地方官员治理黄河的责任和责任追究制度,也设置了具有抢险、堵口、保护岸堤等功能的"埽工"建筑物,但是并没有从根本上避免黄河不断出现决溢的情况,使得当时决溢地区的人民遭受到重大的生命财产损失。后来,欧阳修、司马光、王安石等也都在推动黄河治理。但是由于当时黄河流向以及发生决溢具有重要的政治和军事价值,因此,兴起了北流和东流的争议。北流是指原来的黄河古道与永济渠汇合经过河北青县而入海,东流则是与马颊河汇合经无棣县而入海,成为新的黄河河道。如钱穆先生曾指出:"有时北流开而东流闭,有时则东流开而北流闭。宋代人主

---

① 张玉林.黄河叙事·上:关于它的泛滥和治理的历史札记[J].南京工业大学学报,2022(1):7.

② 钱穆.钱穆先生全集:古史地理论丛[M].北京:九州出版社,2011:286.

张河水东流，可作防敌的国防线，北流则流经契丹，认为对宋不利。”[①]因此，在宋绍熙五年（金明昌五年，1194 年）黄河在河南阳武决口，在封丘东注入梁山泺（俗称“梁山泊”），又分为南北两派，北派由北清河入海，南派由南清河入淮河。关于北流与东流之争持续了很多年，最后的结果是东流的主张占了上风。实施东流工程耗费了巨大的人力、物力，以至于当时的谏官任伯雨在 1101 年的奏书上说：“河为中国患，二千年矣。自古竭天下之力以事河者，莫如本朝。而徇众人偏见，欲屈大河之势以从人者，莫甚于近世。”[②]尽管如此，但最终结果却并没有解决黄河经常决溢的问题，使得当时的皇帝也失去了治理黄河的信心。甚至在 1128 年，为了阻止金兵南下，东京留守杜充在河南滑县李顾渡掘开黄河大堤，使得黄河夺淮河入海，成为历史上第四次大改道，也拉开了长达 728 年的“夺淮入海”的序幕。

黄河夺淮入海后，发生多次决堤，黄淮沿岸人民受尽了水患之苦。在 1348 年，贾鲁受命任都水监一职。他上任后，考察河道，查看河情，甚至巡河数千里，掌握了第一手资料，提出了疏、浚、塞并举的方针，修筑黄河堤防 350 千米，疏浚河道 140 千米，工程量之大是我国治河史上所少见的，特别是在渡口技术上取得了巨大的成就。根据记载，采用沉船堵口技术在大汛期间堵住了一个大决口，反映了当时治河技术的进步，也是因为采用石船堤断水法，使得黄河决口断流，黄河又从故道入海，而这条河道也被称为贾鲁河，以纪念贾鲁的贡献。

---

① 钱穆口述，叶龙记录整理.中国经济史[M].北京：北京联合出版有限责任公司，2016：279.

② 张玉林.黄河叙事·上：关于它的泛滥和治理的历史札记[J].南京工业大学学报，2022(1)：10.

5.明清时期的黄河治理

进入明代，随着经济社会发展和黄河决溢造成的灾害加重，当时的朝廷也积极推进黄河治理。明朝治理黄河，以工部为主管部门，以总理河道(后也称为河道总督)全权负责河道治理，后来为了便于调动军队参与黄河治理，总理河道又加上了提督军务的职务，可以直接指挥军队。到清朝时期，河道总督的权限更大，直接受命于朝廷①，体现了当时对于黄河治理的重视。总体来看，明朝治理黄河的总体思路是“治黄保漕”，也就是治理黄河以保护漕运的发展。当时许多人提出具体的治理黄河的理论，其中以潘季驯的束水攻沙理论最为出名。

潘季驯出生于浙江乌程(今浙江吴兴)，29 岁就中了进士，官至工部尚书兼右都御史，是我国著名的水利学家。他曾先后四次出任总理河道都御史一职，主持治理黄河和运河，提出了“筑底防溢、以堤束水、以水攻沙、以清刷黄”的治黄方略，使得黄河又实现了大约 300 年安澜，也使得南北交通大要道顺畅运行 300 年。当时大运河是南北方交通的主要通道，每年有大量的物资通过大运河实现运输，为了保证人运河的漕运能力，当时一般是采用在黄河北岸加固长堤来阻拦河水向北流动，而让河水尽量向南分流。潘季驯认为，传统的治黄方法并不适合黄河的特点，因为黄河水含沙量高，多达六成以上，如果采用分水的办法，会使得水流变慢，使得水中的泥沙沉积下来，导致河床不断抬高，进而导致水位升高。通过修建坚固的堤防，让河水来冲刷泥沙和河床，如果黄河水流变得湍急，快速流动的河水就会带走泥沙，河道自然就会变得更深、更有利于河水流动，即使遇到大水，也不会带来水位快速上涨，从而保

① 黄河水利委员会黄河志总编室.黄河志·卷二·黄河流域综述[M].郑州:河南人民出版社,2017:6.

障黄河不发生决堤水患。[1] 潘季驯也因此被清朝乾隆皇帝称赞为“明代河工第一人”[2]。

到了明末清初，由于战乱不断，国内动荡不安，黄河治理也被疏忽，由于黄河堤防失修，导致黄河下游经常发生河水泛滥。到康熙时期，康熙皇帝本人非常重视治理河道，曾把“三藩”“河务”“漕运”作为三件大事而刻在宫中柱子上。后来，康熙在铲除鳌拜、平定三藩、收复台湾后，“漕运”和“河务”成为其重要的施政方向。康熙本人也非常重视黄河治理，曾经六次南巡考察黄河河务，他还亲力亲为，不仅任命靳辅等治黄专家担任河务治理重任，而且还让河臣进呈河图，亲自在宫中研究，探究治河之道，甚至也常常携带河图前往现场指导河工。[3] 在康熙之后，乾隆皇帝也非常重视黄河治理，他也学习其祖父康熙，六次南巡，每次也都考察黄河河务，亲临一线，为黄河治理作出了重要贡献。

清代黄河治理的重要人物是靳辅，他是辽阳人，祖籍山东济南，曾经两次担任河道总督。康熙十六年(1677 年)，康熙任命时任安徽巡抚靳辅为河道总督，负责治理黄河。靳辅在其幕僚陈潢的辅助下，通过深入调研，在学习借鉴明朝潘季驯治河思想的基础上，提出把治沙作为治黄的关键，认为“治河必以堤防为先务”，因为“堤成则水合，水合则流迅，流迅则势猛，势猛则新沙不停，旧沙尽刷，而河底愈深”[4]。同时采用“分流”与“合流”相结合的方法，把“分流杀势”作为应对河水暴涨时避免决堤的应急措施，把“合流攻沙”作为治理河道的长远安排。康熙二十二年(1683 年)，在靳辅、

---

① 渭水.潘季驯的治河思想[J].水利天地，2006(11)：23.

② 钱汉江.潘季驯——明代河工第一人[J].中国减灾，2012(7)：49.

③ 席会东.清康熙绘本《黄河图》及相关史实考述[J].故宫博物院院刊，2009(9)：110-111.

④ 陈陆.靳辅陈潢：联手治黄 劳绩昭然[J].中国三峡，2012(8)：79-80.

陈潢的领导下，黄河终于回归故道，也使得淮河和大运河的漕运畅通无阻，黄河治理取得了明显的成效，靳辅和陈潢也因此得到康熙皇帝的赞誉。黄河自此实现了 50 年没有出现大的水患，保障了当时经济社会发展。从某种意义上来说，靳辅主导的黄河治理实现了 50 年海晏河清的大好局面，也为清朝出现“康乾盛世”奠定了良好的基础。①

二、新中国成立以来的黄河治理方略

在民国时期，由于连年战争以及国民党政权的腐败，尽管也出现了李仪祉、张含英等为代表的治黄学者，1933 年国民政府还建立了黄河水利委员会等机构，但都没有开展大规模、成效显著的黄河治理行动。1938 年国民党决口花园口黄河大堤，更是造成了沉重灾难。而中国共产党始终高度重视黄河治理，早在 1946 年2 月，在晋冀鲁豫边区政府就成立了冀鲁豫解放区治河委员会，后改名为冀鲁豫黄河水利委员会。1949 年 6 月，华北、华东、中原三大解放区联合性治黄机构——水利委员会正式成立。同年 9 月，召开的中国人民政治协商会议通过了具有临时宪法性质的《中国人民政治协商会议共同纲领》，该纲领中就包括了“应注意兴修水利，防洪防旱”“疏浚河流，推广水运”等内容。②

中华人民共和国成立后，以毛泽东为代表的中国共产党人，把治理黄河、造福人民作为重要的努力方向，形成了综合治理的思想，先后提出了蓄水拦沙和上拦下排的方针，推动黄河治理由分区治理走向全河统一治理。1952 年 10 月，毛泽东主席视察黄河，提出了著名的“要把黄河的事情办好”的号召，此后毛泽东主席又先

---

① 陈陆.靳辅陈潢:联手治黄 劳绩昭然[J].中国三峡,2012(8):83.

② 陈建波.新中国黄河治理的成就及启示[J].科学·经济·社会,2020(3):13.

后三次视察黄河，围绕黄河治理提出了新的要求。1955 年 7 月，黄河水利委员会提交的《关于根治黄河水害和开发黄河水利的综合规划的报告》获得第一届全国人大二次会议通过。作为黄河治理的重要控制性工程，黄河三门峡截流工程于 1958 年成功截流。1964 年12 月18 日，周恩来总理也提出，要把黄河治理好，“让黄河成为一条有利于生产的河”①。从中华人民共和国成立到改革开放前，我国围绕黄河治理采取了开发与保护并举的方针，实施了一系列大工程，如三门峡、刘家峡、青铜峡、盐锅峡、三盛公等水库和水电站等建设，通过这一系列重大工程，调节了黄河的水沙，使得我国再也没有出现黄河决口，改变了黄河“三年两决口、百年一改道”的习性，为保护人民生命财产安全作出了巨大贡献。

党的十一届三中全会以后，随着我国改革开放事业推进和经济发展的需要，国家决定压缩基本建设规模，但黄河保护和治理的重视程度并没有降低。比如 1980 年 7 月，邓小平同志视察河南时指出，还是要搞小浪底水库，解决黄河中下游的汛期防洪问题；再比如 1981 年，邓小平同志了解到黄河下游防洪基本建设投资只有 5000 万元时，当即表示要再继续增加经费，用于增加黄河下游防洪工程支出。这都体现出邓小平同志对于治理黄河的重视，对于黄河水患的警惕。1991 年 2 月，江泽民同志在河南视察黄河时指出：“小浪底是黄河的一个控制工程，要做好各方面的工作，把这个工程搞上去，把黄河治理好，这是一件造福人民的好事。”②此后他又几次到黄河小浪底视察，2001 年年底，黄河小浪底工程竣工并投入使用，使得黄河的防洪能力由 60 年一遇提高到千年一遇。1999 年 6 月21 日，江泽民同志在郑州主持召开黄河治理开发工作座谈会

① 黄惠运.周恩来与新中国的扶贫救灾工作[J].中华魂，2019(5)：47.

② 常希梅.三代领导核心与黄河的治理开发[J].中共郑州市委党校学报，2004(6)：27.

上号召全国“加强治理开发，让黄河造福于中华民族”①，并指出，治理黄河历来是中华民族安民兴邦的大事，利用好黄河水资源，建设好黄河生态环境，对黄河流域乃至全国经济社会的可持续发展和对实现我国现代化建设跨世纪发展的宏伟蓝图，都具有十分重大的战略意义。黄河治理开发要坚持兼顾防洪、水资源合理利用和生态环境建设三个方面的总原则。② 2006 年，胡锦涛同志就纪念人民治理黄河 60 周年作出的指示强调：“黄河是中华民族的母亲河，黄河治理事关我国现代化建设全局。60 年来，人民治理黄河事业成就辉煌，但黄河的治理开发仍然任重道远。必须认真贯彻落实科学发展观，坚持人与自然和谐相处，全面规划，统筹兼顾，标本兼治，综合治理，加强统一管理和统一调度，进一步把黄河的事情办好，让黄河更好地造福中华民族。”③

进入新时代以来，习近平总书记对于国家江河治理给予高度重视，不仅提出了长江经济带重大区域发展战略，而且于 2019 年 9 月18 日在河南视察并主持召开黄河流域生态保护和高质量发展座谈会，提出了黄河流域生态保护和高质量发展重大国家战略，使我国黄河治理进入统筹生态保护和高质量发展的新时代，使黄河成为造福人民的幸福河。

第二节 我国区域发展战略演变

经济发展表现为各种物质财富和劳务服务不断增多的过程，

① 江泽民总书记考察黄河并主持召开黄河治理开发工作座谈会[J].中国水利，1999(7)：1.

② 江泽民总书记考察黄河并主持召开黄河治理开发工作座谈会[J].中国水利，1999(7)：1.

③ 胡锦涛温家宝就纪念人民治理黄河 60 周年作出重要指示 回良玉出席纪念大会并讲话[J].中国防汛抗旱，2006(12)：1.

世界各国都把促进经济发展作为本国发展的第一要务。但由于各国的资源禀赋、文化传统、思想观念、发展阶段、政策举措等不同，不同国家的经济发展表现出不同的绩效，有的国家经济发展快，有的国家经济发展慢，有的经济发展质量高，有的经济发展质量低。为了促进经济发展，各国都把制定合适的区域经济发展战略作为重要抓手。

历史上，我国长期位居世界经济发展的中心，根据世界著名经济学家安格斯·麦迪森（Angus Maddison）的研究，1820 年我国经济规模约占世界经济总量的 33%，但到 1900 年下降为世界的 11%，1950 年更是下降到世界的 5%。① 在 1949 年中华人民共和国成立的时候，我国经济可以用“一穷二白”来形容。加上当时世界处于以美国为首的资本主义阵营和以苏联为首的社会主义阵营两极世界的对立冲突中，如何实现中国经济持续快速发展，特别是快速推进工业化进程，推动中国实现现代化，成为当时党和国家领导人思考的重要问题。在这一背景下，我国也根据不同的发展阶段和特点，逐渐调整和完善我国的区域经济发展战略，为我国经济快速发展奠定了基础。

一、区域发展战略概述

区域是一定人口、资源和生态环境的承载体，是人类赖以生存和发展的场所，也是经济发展的重要依托条件。过去人们往往把区域看作一个地理学的概念，如《牛津地理学词典》中认为区域是“指地球表面的任何一个单元，它以自然或人文特征而有别于周围的地区”②。现在区域已经成为内涵非常丰富的概念，从经济学的

① [英]麦迪森著.世界经济千年史[M]，伍晓鹰，等译.北京：北京大学出版社，2003：5.

② [英]梅休.牛津地理学词典[M].上海：上海外语教学出版社，2001：354.

视角来看,随着区域经济学的兴起和发展,区域成为研究地方经济发展的重要概念,往往把区域理解为"拥有多种类型资源、可以进行多种生产性和非生产性社会经济活动的一片相对较大的空间范围"[①]。由于区域具有地理环境和人类社会两大系统,二者具有相互影响、相互制约的关系,而区域发展就是以人为主体,以人地(包括人与以土地为代表的各类自然资源等生产要素)关系为目标,为人的发展创造各种物质产品和服务的一系列经济社会发展活动。具体来说,区域发展一般是"指在一定时空范围内所进行的以资源开发、产业组织和结构优化为中心的一系列的经济社会活动"[②]。

由于经济活动是一种一定的技术、资源禀赋、制度体系等供给条件下的自发的理性活动,表现为各种市场主体在既定激励约束下优化配置资源以实现个体理性的过程。因此,需要通过一定的谋划或战略来实现资源配置效率的提升,进而表现为区域经济更好、更快地发展,从而表现为区域发展战略。

从概念的角度来看,"战略"一词来自军事科学领域,是同"战术"相对而言的。战略往往用来指代实现某种大的目标而采取的长远的、系统的、总体的谋划。如《辞海》认为"战略"是重大的、带全局性的或决定全局的谋划。[③] 区域发展战略是"根据区域发展优势与条件、进一步的发展要求和发展目标,对未来一定时空范围内经济和社会发展等方面所做的高层次、全局性的宏观谋划"[④]。区域发展战略本质是一种政府对区域经济发展进行宏观调控,指导地方优化资源配置,促进经济社会发展的重要手段。虽然西方国

---

① 孙久文,叶裕文.区域经济学教程[M].北京:中国人民大学出版社,2003:2.

② 方创琳.区域发展战略论[M].北京:科学出版社,2002:1.

③ 于光远.经济社会发展战略[M].北京:中国社会科学出版社,1984:254.

④ 方创琳.区域发展战略论[M].北京:科学出版社,2002:1.

家以私有化、市场化、自由化经济体制为特征，但也存在通过制定区域发展战略来实现既定经济社会发展目标的现象。而我国作为后发经济体，在中华人民共和国成立后，建立了计划经济体制，通过制定区域经济发展战略成为贯彻落实国家经济计划，推动地方和全国经济社会发展的重要抓手。改革开放以来，虽然我国从计划经济体制逐步转向了社会主义市场经济体制，但区域发展战略在地方谋取经济发展优势以及国家促进地方发展方面的作用更加凸显。

从结构来看，区域发展战略可以分为均衡发展战略和非均衡发展战略。根据《大辞海》上的定义，前者是指在一个国家或地区试行的均衡地分布生产力、特别是工业生产力，全面铺开、齐头并进的经济发展战略；后者是指根据地区经济不平衡发展的规律，有重点、有特点地发展地区经济，而不是平均使用力量的经济发展战略。[①] 区域发展战略的结构性划分是从宏观整体视角进行的划分，但具体到不同的区域，如何挖掘本区域的优势和潜力，弥补制约区域发展的短板和弱项，是指定区域发展战略的重要内容。因此，在国家宏观区域发展战略的基础上，一般也会针对不同区域的特点，制定具有鲜明地方特色的发展战略，从而形成区域发展战略。

二、中华人民共和国成立以来我国区域发展战略演进

（一）中华人民共和国成立到改革开放前以改变生产力布局为导向的区域发展战略

我国近现代化区域发展规划可以追溯到鸦片战争后，当时在“实业救国”思潮下，我国开始出现了近现代意义上的区域发展规

① 夏征农，陈至立主编，谈敏，丛树海编.大辞海·经济卷[M].上海：上海辞书出版社，2015：690.

划。而中华人民共和国成立后才真正开始了通过区域发展规划来推动经济社会发展的实践。

中华人民共和国成立的时候，我国还是一个农业国，经济虚弱，技术落后，产业低端，如何快速地发展生产力，实现中国经济快速发展，成为摆在党和政府面前的重要任务。当时，我国在借鉴苏联模式经验的基础上，通过实施高速工业化战略以及大规模基本建设来作为推动经济发展的重要途径。当时基于苏联援建的156个重点项目的落地以及其他重要发展目标，我国开始探索联合选厂为基础的区域发展规划工作。在这一背景下，1956年国家建设委员会制定了《城市规划编制暂行办法》，分别在1956～1957年和1958年搞了两批区域规划试点，规划的内容包括工业区划、城镇居民点布局、城市地区以及省内经济区(或地区)等。[①] 1958年，我国还提出了七大经济协作区，1962年把华中区和华南区并为中南区，成为六大经济协作区，包括东北区、华北区、华东区、中南区、西南区、西北区。[②] 但后来由于出现了经济困难等因素，区域规划工作陷入停顿。另外，由于我国70%以上的工业集中在仅占全国国土面积11.3%的东部沿海地区，而占国土面积68%的西北、西南和内蒙古等地区的工业产值仅占全国的9%左右[③]，再加上特殊的国际国内形势，我国转向以备战为中心，以“三线”建设为重点的轨道，经济建设的投资主要投向了中西部地区的“三线”，这客观上推动了中西部地区的经济发展，使我国这一时期出现了区域经济均衡发展的势头。

---

① 吴殿廷，宋金平，姜晔.区域发展战略规划：理论、方法与实践[M].北京：中国农业大学出版社，2010:29.

② 聂华林，高新才.区域发展战略学[M].北京：中国社会科学出版社，2006:152-153.

③ 李勇齐，颜蔚兰.建国以来我国区域经济发展战略的选择过程及其思考[J].广西师范大学学报，2000(S2):28.

（二）改革开放初到20世纪90年代中期以效率优先为导向的区域竞争型发展战略

随着我国实行改革开放，以经济建设为中心，更好地解放和发展生产力，成为我国工作的重心。特别是随着市场化改革的推进，我国经济体制由传统计划经济逐步转向了社会主义市场经济。市场经济要求尊重市场规律，各种经济资源优先向那些经济发展条件比较好的地方汇聚，而且客观上形成的地方政府竞争性的经济发展模式，使得各地都把招商引资、吸引优质经济资源作为努力的重要方向，也使得我国经济表现出非均衡区域经济发展战略的特征。

我国也积极顺应这一规律，在经济发展条件相对较好的东部沿海地区设立了经济特区、沿海开放城市、经济开放区等，实行特殊经济政策，加大投资力度，积极招商引资，发展外向型经济，发挥其经济增长极作用，让他们先富起来，然后先富带动后富，带动中西部地区的经济发展，并最终推动我国经济实现快速发展，使我国摆脱贫困落后的面貌。

实行区域经济非均衡发展战略，确实实现了我国经济高速增长，培育了一批地方经济发展极，带动了地方经济的整体发展，同时也使得我国有能力加大对中西部地区的转移支付和投资，促进中西部地区的经济社会发展。

（三）从20世纪90年代中期到2012年我国推动实现以区域协调为导向的非均衡发展战略

改革开放以来，我国在实行让一部分人、一部分地区先富起来的战略下，确实促进了经济增长，但也带来了区域差距拉大等问题。因此，党的十四届五中全会上提出“坚持区域经济协调发展，逐步缩小地区发展差距”的要求，而且江泽民同志提出把东部地区和中西部地区的关系作为社会主义现代化建设中应该正确处理的十二个重大关系之一，这表明我国区域经济发展战略发生调整。

在这一背景下，我国先后实行了西部大开发、中部崛起、东北振兴和东部率先发展战略，这些战略立足于区域协调发展，改变过去把各种优质资源主要投向东部沿海发达地区的做法，加大对中西部和东北地区的投入力度，出台相应的鼓励政策，释放更多的制度红利，来实现中国的区域协调发展。同时，这一时期的区域协调发展也尊重客观规律，不是采取压制东部发展的措施，而是在鼓励东部率先发展的基础上，努力促进原来发展相对滞后的中部地区、西部地区和东北老工业基地实现更快、更好的发展，而且在发展中都强调要实现经济增长方式和经济发展方式的转变，要推动产业结构的不断转型升级。后来，中央又加大了对革命老区、民族地区、边疆地区发展的扶持力度，帮助资源枯竭型城市开展转型探索，打造武汉城市圈、长株潭一体化等综合配套改革试验区，目的是使全国各地一方面实现各展所长、各尽所能的快速发展，另一方面也要努力扭转地区差距过大的问题，推动全国经济呈现非均衡协调发展的特点。

(四)党的十八大以来以高质量发展为导向的区域协调发展战略

从 20 世纪 90 年代中期开始的区域协调发展，通过实施中部崛起、西部大开发、东北振兴等重大区域发展战略，这些地区的经济社会发展水平明显提高。但客观来看，由于各地发展条件差异巨大，特别是 2001 年加入 WTO 后，我国改革开放的红利进一步释放，占据经济先发优势、区位优势、技术优势、产业优势的东部沿海地区获得了快速发展，我国区域之间的发展差距与全面建成小康社会的要求仍然有较大的差距。加上我国经济发展面临着大而不强等问题，在这一背景下，习近平总书记在 2014 年提出经济新常态，2015年提出创新、协调、绿色、开放、共享的新发展理念，作出推动我国经济从高速增长阶段转向高质量发展阶段的科学判断，使高质量发展成为我国经济发展的重要方向。

高质量发展对于我国区域发展战略产生了重要影响，正如习近平总书记所指出的："高质量发展，就是能够很好满足人民日益增长的美好生活需要的发展，是体现新发展理念的发展，是创新成为第一动力、协调成为内生特点、绿色成为普遍形态、开放成为必由之路、共享成为根本目的的发展。"[①]推动区域协调发展，既是高质量发展的本质要求，也是新时代我国建设社会主义现代化强国的内在要求。因此，党的十八大以来，我国在原来东部率先发展、中部崛起、西部大开发、东北振兴的基础上，又提出了京津冀一体化、长江经济带、粤港澳大湾区、长三角一体化、成渝双城、黄河流域生态保护和高质量发展等一系列重大区域发展国家战略，这一系列国家战略打破原来的东中西的带状区域发展规划格局，开始采用东中西、南北中横纵结合的网状区域发展格局，使我国各区域在全国经济发展大格局中的定位更加准确、目标更加明确、发展路径更加聚焦。区域发展战略制度是党中央领导我国经济发展的重要制度创新，也为各区域实现高质量发展提供了不可替代的体制机制保障。

第三节　黄河流域发展形势分析

党的十八大以来，习近平总书记高度重视大江大河治理，依靠江河战略来推动江河流域实现高质量发展。2019年9月18日，习

---

① 习近平.习近平谈治国理政(第三卷)[M].北京：外文出版社，2020：238.

近平总书记在河南主持召开的黄河流域生态保护和高质量发展座谈会上，正式提出了黄河流域生态保护和高质量发展重大国家战略。

一、黄河流域面临严峻的生态环境保护形势

生态兴则文明兴，生态衰则文明衰。人类演进的历史也是一个不断印证生态环境保护与人类文明发展兴衰辩证关系的历史。在原始文明形态下，自然的力量非常强大，人类的力量比较弱小，如何获取足够的食物、水源、衣物、住所等基本需求始终困扰着古代先人。人类为了生存不得不依靠群居的生活方式，采取共同劳动共同分配的形式才能够从自然界获得维持人类生存的资源。后来随着各种生产工具的出现，特别是过渡到农耕文明后，人类可以依靠圈养动物和利用铁器等开垦耕地以获得维持人类生存所需要的各种物资。但这时人类依然需要依附于自然，对于自然的规律无论是认识程度还是利用程度，也包括破坏程度都比较弱。但是随着工业文明的出现，人类可以利用机械力、化学力等来改造自然，极大地提高了生产力，创造出了丰富的物质财富。但同时，这些也给自然以很大的破坏，出现了对资源的耗竭性开发，对生态系统和环境也造成了严重破坏。人在破坏自然的同时也受到了自然的报复，各种自然灾害、极端天气不断出现，土壤地力衰减，生物多样性受到破坏，最终也损害了人类自身的利益。

生态破坏之所以会损害人类自身的利益，就在于生态环境是事关人民群众切身福祉的重要内容。生态环境是一个内涵非常丰富的概念，根据《大辞海·环境科学卷》的定义，环境是围绕着人类的外部世界，是人类赖以生存和发展的基础。环境可以分为自然环境和社会环境。自然环境中，按其组成要素，又可以分为大气环

境、水环境、土壤环境和生物环境等。具体来说，如果根据《环境保护法》来理解环境，那可以包括大气、水、海洋、土地、矿藏、森林、草原、野生动植物、自然遗迹、人文遗迹、自然保护区、风景名胜区、城市和乡村等。[①]

黄河作为中华民族的母亲河，尽管历史上曾出现的溃堤、决口、改道给沿岸人民带来了沉重灾难，但黄河水也哺育了沿岸人民繁衍生息。黄河流域是我国重要的生态屏障，连接着青藏高原、黄土高原和华北平原，是重要的生态廊道，特别是黄河源头所在的“三江源”被称为“中华水塔”，对于中华民族发展具有特殊的生态价值。黄河上游山脉众多，气候条件多样，自然条件特殊，区域地质构造复杂。[②] 中游地区人口密度大，同时也是生态脆弱区，黄土高原水土流失严重，导致黄河水沙含量大，给下游河道安全和防洪带来严重的挑战。下游属于平原地区，土地肥沃，农业发达，人口密集，但受到黄河季节性防洪与水资源匮乏的双重约束。从整个黄河流域来看，流域内光照充足，日照百分比超过50%，远高于长江流域。降水集中度高，每年6～9月的降水量约占全年降水量的70%，而且降水区域分布不均，水资源短缺成为黄河流域面临的最突出的问题。从森林覆盖率来看，黄河流域森林覆盖率只有19.36%，低于全国21.63%的平均水平[③]，远低于长江经济带地区。如果不能很好地进行生态保护，黄河的生态功能受到破坏，将给中华民族的发展带来严重的损害。

党的十八大以来，以习近平同志为核心的党中央高度重视生

① 夏征农主编，陈江涛等编著.大辞海·环境科学卷[M].上海：上海辞书出版社，2006：3.

② 杨永春，张旭东，穆焱杰，张薇.黄河上游生态保护与高质量发展的基本逻辑及关键对策[J].经济地理，2020(6)：11.

③ 郭晗.黄河流域高质量发展中的可持续发展与生态环境保护[J].人文杂志，2020(1)：17-18.

态环境保护和治理，围绕生态文明建设提出了一系列新理念、新思想、新战略，也正是在这一系列新理念、新思想、新战略的指引下，我国生态文明建设取得了历史性成就，发生了历史性变革，彻底扭转了我国生态环境不断恶化的趋势，使我国的生态环境状况不断变化，经济绿色发展水平显著提高，优美生态环境从“奢侈品”变成了“日用品”，人民群众享受到越来越多的生态福利，在实践中形成了习近平生态文明思想。

黄河流域生态保护和高质量发展，是贯彻习近平生态文明思想的内在要求，是增进人民福祉、保护中华民族母亲河的必然要求。

二、黄河流域面临繁重的高质量发展任务

发展是人类永恒的主题。不同的国家经济发展水平差异很大，贫富悬殊，经济发展带来的社会问题也各有不同，这很大程度上出于各国经济发展路径和模式的差异。从世界范围来看，近代以来，特别是工业革命以来，随着生产力的迅猛发展，世界经济进入发展的快车道，物质财富创造能力越来越强。但与此同时，世界并不因为物质财富的丰富就会自发解决其他的各类问题，甚至从某种意义上来说，对物质财富的片面追逐使得世界经济增长带来的福利效果大大降低。到第二次世界大战后，世界经济进入高速增长的“黄金二十年”，但资源耗竭、环境污染、生态破坏、两极分化、道德滑坡等各类社会环境问题不断加剧。因此，自 20 世纪 60 年代以来，世界出现了环境保护的浪潮，呼吁推动传统经济发展模式转型，从工业文明转向生态文明，由“黑色发展”转向绿色发展，成为世界各国人民的普遍共识。

中华人民共和国成立以来，特别是改革开放以来，我国经济发

展取得了长足进步。2010 年 GDP 总量超过日本居世界第二位，人均 GDP 进入世界中等国家水平。但客观来看，我国经济发展造成的社会和环境影响也是非常巨大的，这种传统型粗放的发展方式使经济发展带来的福利水平大打折扣，人民越来越感受到转变经济发展方式的重要性。因此，在 2015 年党的十八届五中全会上，习近平总书记提出了创新、协调、绿色、开放、共享的新发展理念，并指出："理念是行动的先导，一定的发展实践都是由一定的发展理念来引领的。发展理念是否对头，从根本上决定着发展成效乃至成败。"[①]贯彻新发展理念是推动我国经济从高速增长阶段转向高质量发展阶段的根本要求。而新发展理念，其内涵要求在发展过程中以更少的资源投入、环境和生态影响获得更多的物质产出和劳务服务，从而让广大人民群众能够享受到充足的物质财富、多样化的劳务服务、丰富的精神文化产品和优美的生态环境，这是体现以人民为中心的发展思想，满足人民对美好生活向往的内在要求。

习近平总书记指出："黄河流域是我国重要的生态屏障和重要的经济地带，是打赢脱贫攻坚战的重要区域，在我国经济社会发展和生态安全方面具有十分重要的地位。"[②]黄河流域作为我国江河战略的重要组成部分，沿黄流域不仅面临着生态保护的重要任务，也面临着高质量发展的艰巨任务。黄河流域有山东这样的东部沿海经济大省，也有中西部经济发展相对落后的地区，区域内经济发展差异性很大，存在发展不均衡、不充分的问题。黄河流域是我国重要的农业主产区和工业聚集区，工农业生产对水资源依赖很大，但一方面黄河水资源总量存在下降趋势，另一方面工农业发展对水资

---

① 习近平.在党的十八届五中全会第二次全体会议上的讲话[J].求是，2016(1)：2.

② 习近平.在黄河流域生态保护和高质量发展座谈会上的讲话[J].中国水利，2019(20)：1.

源的需求呈现一种上升的趋势。以习近平总书记2019年提出黄河流域生态保护和高质量发展战略前一年的数据来看，有研究指出，1949年黄河水域的灌溉面积为1200万亩，到2018年已经增加至1.07亿亩，突出反映出黄河水资源既促进了沿黄地区的经济发展，体现了重要的经济价值，也体现了黄河水资源短缺对现实发展的制约，要求转向节水型产业。从经济发展水平来看，2018年黄河流经的九省(区)人均GDP为8172美元，而其他22个省(市、区)的人均GDP为10616美元[①]，反映出黄河流域面临着繁重的发展任务。这一系列指标都反映出，黄河流域一方面要努力实现发展，另一方面也要实现更高质量发展，而这也是习近平新时代中国特色社会主义经济思想的重要逻辑。

习近平总书记多次强调要坚持问题导向，黄河流域生态保护和高质量发展重大国家区域发展战略的提出，既是实现中华民族伟大复兴、建设社会主义现代化强国的内在要求，也是立足我国发展现实、破解制约黄河流域发展主要问题、让黄河成为造福人民的幸福河的重要体现，具有重要的理论价值、时代价值和实践价值。

① 王保庆，李希腾.话说黄河：黄河流域的三个维度[J].焦作大学学报，2020(3)：59-60.

第三章　黄河流域生态保护和高质量发展的重大意义

黄河是中华民族的母亲河，黄河流域是我国重要的文化发源地、生态屏障区和经济社会发展区域，在国家发展中具有十分重要的地位。黄河干流全长 5464 千米，东西跨越 23 个经度，南北相隔 10 个纬度，流域总面积 79.5 万平方千米（含内流区面积 4.2 万平方千米），流经青海、四川、甘肃、宁夏、内蒙古、陕西、山西、河南、山东九省（区），是我国的第二长河。

习近平总书记多次赴黄河流域考察，足迹遍布黄河上、中、下游。2021 年 10 月 22 日，习近平总书记在济南主持召开深入推动黄河流域生态保护和高质量发展座谈会，再次对这一国家重大战略作出了重要的指示和规划。习近平总书记关于黄河流域生态保护和高质量发展的系列重要论述，是马克思主义中国化的又一次生动体现，也是习近平生态文明思想在区域发展中的又一次重大实践，体现了辩证唯物主义和历史唯物主义的方法论原则。

对黄河流域生态保护和高质量发展重大战略意义的理解要坚

持系统观念和全局观念，从“时间—空间—生态”的理论框架之下进行分析。习近平总书记指出：“生态文明是工业文明发展到一定阶段的产物，是实现人与自然和谐发展的新要求。”[①]生态文明的发展同时注重了生产、生活和生态三个方面的内容，追求经济高质量的发展、空间高质量的发展和生态的可持续发展，进而实现生产、生活和生态的动态平衡，从而达到人民福祉的最大化。

第一节 关系中华民族伟大复兴中国梦千秋大计的国家战略

从时间的维度来理解和把握黄河战略是历史思维的一种运用，运用历史思维能够知古鉴今，更好地总结历史经验、找准历史坐标、把握时间定位。黄河流域生态保护和高质量发展战略蕴含着习近平生态文明思想的历史观。习近平总书记多次强调“历史是最好的教科书”，在对黄河流域调研的过程中，他多次从历史的角度强调黄河战略，并指出，黄河流域在我国经济社会发展和生态安全方面具有十分重要的地位，黄河哺育着中华民族，孕育了中华文明。没有黄河流域的复兴，就没有中华民族的复兴。

黄河是中华文明的主要发祥地，具有十分悠久的历史和厚重的文化。因此，黄河既是一条源远流长、泽被八方的命脉之河，也是一条光辉灿灿、生生不息的文明之河，同时还是一条桀骜不驯、复杂难治的忧患之河。治理黄河的历史也是一部治国史，黄河治理的历史也进一步彰显了社会主义制度的优势。时间在推移，时代在发展，黄河文明却一直在历史的长河中不断凝聚着中华民族

① 中共中央宣传部、中华人民共和国生态环境部.习近平生态文明思想学习纲要[M].北京：学习出版社、人民出版社，2022：13.

的文化认同感，成为增强中华民族自信的重要载体。

一、黄河文化源远流长，是中华民族的根和魂

黄河以其奔腾的气势流经三大地形阶梯和三大地貌区域，塑造着黄河流域独特的地理环境，从青藏高原、黄土高原到华北平原，河水流经范围深刻改变了华北区域的地貌，流域范围内既有我国的生态功能区又有生态脆弱区。黄河是中华民族的母亲河，历史上的黄河水哺育了沿河人民，黄土地滋养了中华儿女。2019 年，在郑州召开的黄河流域生态保护和高质量发展座谈会上，习近平总书记强调："黄河文化是中华文明的重要组成部分，是中华民族的根和魂。"①

从史书记载来看，古人非常尊崇黄河，《汉书・沟洫志》中写道："中国川源以百数，莫著于四渎，而河为宗。"可以看出古人认为黄河为"四渎之宗"，把黄河尊为百川之首。从《山海经・西山经》中"河出昆仑"的描述可以看出，古代先人很早就开始探寻黄河源头。最早关于古代黄河地理位置的描述可以从《尚书・禹贡》中看到："导河积石，至于龙门，南至于华阴，东至于砥柱，又东至于孟津，东过洛汭，至于大伾；北过降水，至于大陆；又北播为九河，同为逆河入于海。"

综观人类发展历史，文化和文明的诞生同江河流域往往紧密相连，尼罗河文明、两河流域的文明、恒河文明和黄河文明无外如是。这些文明在发展的历史上各具特色，共同构成了人类发展中光灿夺目的流域文明。黄河文化在发展中延绵不断、兼蓄包容，成为中华文明的重要根脉所在，亦是中华儿女共同享有的文化符号。

---

① 习近平.论把握新发展阶段、贯彻新发展理念、构建新发展格局[M].北京：中央文献出版社，2021：332.

从人类社会进化发展的角度而言，河流的出现对于人类社会从“游牧状态”到“聚落状态”的转化有着积极的推动作用，促进了人类社会定居模式的出现。具体到黄河流域来看，黄河中下游地区的冲积平原成为农耕文明发展的适宜温床，为人类的聚集提供了有利的自然条件，也为华夏文化的发展提供了合适的条件。从这个意义上说，黄河对中华文明的起源、传承和发展具有无可比拟的重大贡献。

黄河流域可以称得上是华夏文明孕育的产床，在河南省洛阳二里头遗址中出现了中国历史上最早的广域意义上的王权国家，被称为“最早的中国”。从黄河文化产生的种类来看，马家窑文化、齐家文化、老官台文化、裴李岗文化、龙山文化、大汶口文化和仰韶文化等众多极具代表性的新石器时代文化遗址，构成了中华文明最初的文化形态。从黄河文化发展的经历时间来看，中华民族5000多年的文明史上，黄河流域地区有3000多年是全国的政治、经济、文化中心。从古代定都的地理位置来看，西安、洛阳、郑州、开封、安阳等古都都位于黄河流域。因此，从纵向的时间序列到横向的地域中心发展，从文明出现的历史时刻到文化的种类数量等，都充分说明黄河对于中华文明永续传承和不断发展的重要意义。

除了精神层面的文化传承之外，具象的文化传承在黄河流域也是不断发展完善的。从黄河流域出现农耕技术开始，天文历法、种植技术、灌溉工程、制造瓷器等就在不断进步，一方面为农耕技术的发展提供条件，另一方面也随着农耕技术的进步不断发展。中国传统的“四大发明”更是诞生于黄河流域，进而经过传播对世界其他区域的发展产生了影响。除了上述自然科技的不断发展之外，制度体系也在黄河流域不断完善。诞生在黄河流域的《诗经》《易经》《尚书》《春秋》《礼》以及《论语》《墨子》《孟子》《老子》《庄子》

《荀子》等元典，对华夏文明的发展影响深远、意义重大，时至今日，仍然有其精髓可为现代人提供精神营养。此外，因为黄河流域很长时间都是我国的政治经济和文化中心，因此，包括科举制度、用人制度、宗法制度等在内的各项制度均在黄河流域不断完善和发展。从河图洛书的传说到周易理论的生发、从儒家思想的发展到道家著述的形成，黄河流域对于中华儿女精神的内塑影响深远，对现代文明的影响依然可见。

二、治理黄河的历史也是一部治国史，黄河治理彰显制度优势

历史上，黄河水与黄土地滋养了两岸人民，孕育了丰富的文明，也带来过深重灾难。历史上的黄河治理有着正反两方面的经验和教训，回顾治河历史，既有汉武帝“瓠子堵口”和康熙帝把“河务、漕运”刻在宫廷的柱子上等统治者的重视，也有从大禹治水到潘季驯“束水攻沙”等能人良策。但是历史上，黄河屡治屡决的局面始终没有得到根本改观，即使在古代最强盛的时期，也无法保障黄河的防洪安全。老一辈革命家非常关注黄河的治理，从 1946 年开启了人民治黄的历史新时代，毛泽东主席于 1952 年发出了“要把黄河的事情办好”的伟大号召，黄河也由此实现了几十年的安澜。为此，习近平总书记指出，从某种意义上讲，中华民族治理黄河的历史也是一部治国史。那句俗语“黄河宁，天下平”也道尽了黄河安澜与国家民族命运的息息相关。因此，注重黄河流域的生态安全和高质量发展与建设，真正把黄河的事情办好，不断推动黄河流域生态保护和高质量发展，既是中华民族的重大历史责任和担当，更是当代人的重要使命。

古人沿黄河而居，不仅促进了黄河流域文化的繁荣发展和文明的进步，而且也在不断地通过对黄河的开发利用和灾害治理来

促进人类社会自身的发展。中华民族的先民们曾经引黄河水进行田亩灌溉,也曾经利用黄河河道享用舟楫之便,但同时也在不断地同黄河水患进行斗争。沿河而居的人们深知水是农业发展的重要命脉,因此从原始社会末期开始在黄河流域就有了定居生活的人们,到距今 5000～6000 年前,在河南黄河沿岸更是出现了简单的灌溉工程,随着时代的发展,很多都城定都黄河流域之后,出现了更加便利的灌溉工程,但是,黄河水患一经发生,顷刻之间就会使人们辛苦构建的工程毁于一旦。黄河河南段的航运在封建时代一度是全国的重要航运干线,曾经为维护封建国家的统一发挥过重要作用,但是沿河人们的舟楫之便的享用也是要建立在不断同水患灾害作斗争的过程中。因此,黄河水患的治理,特别是下游水患的治理,一直是黄河发展史中重要的一部分。

黄河以“善淤、善决、善徙”而著称,有“三年两决口,百年一改道”之说。即使沿河人民不断地在同黄河水患进行斗争,灾害也一直没有停止。从公元前 602 年到公元 1938 年的 2540 年间,黄河泛滥多达 543 年,决堤将近 1600 次,平均每两三年就有一次大灾害,在这一历史时期黄河大规模改道和迁徙共有 26 次。改道最北的经海河,出大沽口;最南的经淮河,入长江。1855 年,在兰考附近再次决口,改道从东营入海。据记载,1840～1938 年的 99 年间,有 66 年发生洪水灾害,每次洪水都导致大堤决口。封建社会战争和军阀混战时期,更是人为导致黄河决口 12 次。每次决口,水沙俱下、洪水肆虐、生灵涂炭、河渠淤塞、良田沙化,生态长期难以恢复。“三十年河东,三十年河西”说的是黄河改道对人们生活造成的影响和变化,曾经是对黄河沿岸居民生活的真实写照。千百年来,沿河人民得益于黄河与黄土的哺育得以繁衍生息,又承受于黄河与黄土相伴造成的水患灾害。中华人民共和国成立之前,黄河水患灾害始终没有从根本上得以解决。中国历史上几千年的治黄经历告诉我们，要想实现黄河安澜，有效利用黄河水资源，就必须在中国共产党的领导下进行人民治黄。

党和政府高度重视黄河的治理开发与保护，从 1946 年开启了人民治黄的新阶段，人民治黄 70 余年来，治黄逐步从下游防洪走向全河治理，防洪减淤、水资源开发利用成绩斐然，有力地支撑了区域经济社会的高速发展。中华人民共和国成立之后，党中央、国务院对于黄河流域非常关注，老一辈国家领导人毛泽东、周恩来等都曾亲临黄河，作出过重要的批示和指示。针对黄河流域天然的生态环境脆弱、自然禀赋较差、承载能力有限等一系列重大挑战，我们国家对于黄河的治理制定和出台了很多规划方案，确保了黄河流域的安澜和发展。正如习近平总书记在黄河流域生态保护和高质量发展座谈会上所指出的那样："实践证明，只有在中国共产党领导下，发挥社会主义制度优势，才能真正实现黄河治理从被动到主动的历史性转变，从根本上改变黄河三年两决口的惨痛状况。"①

三、黄河文明是凝聚文化认同、增强中华民族共同体意识的重要载体

九曲黄河塑造了中华民族自强不息的奋斗性格，同时治理黄河的不屈精神也成为中华儿女代代传承的重要品格。1947 年转战陕北的时候，毛泽东主席看着黄河曾深情地说："没有黄河，就没有我们中华民族啊！"这是对黄河的重要意义进行的鲜明而形象的表述，蕴含着黄河文明对于凝聚中华民族文化认同的重要作用。黄河流域地处中原腹地，从地理位置而言是华夏各民族交流的重要

---

① 中华人民共和国年鉴社.中国国情读本(2020 版)[M].北京：新华出版社，2020：66.

场所，是农耕文明和游牧文明不断互动的独特区域，因此从地域意义上称得上是中华民族多元融合的重要区域空间。黄河作为华夏文明的根源所在，成为筑牢中华民族共同体意识的重要精神图腾。

黄河流域连接着一带一路，融合了长城和古丝绸之路的所在区域，涵盖庞大而成熟的农耕区域和游牧区域。在中国历史发展的长河中，这些因素不断融合，促进了中华民族多元一体格局的形成和兼容并蓄的文化特征的出现。当多元一体的格局一旦形成之后，国家的认同感在黄河文化的凝聚中不断发展，最终推动了中华民族独特精神的形成。同时，黄河文化自身也在不断地博采众长中丰富和发展，展现了华夏大地上不同民族的集体记忆，塑造了中华民族多元一体的精神特质。

随着以黄河文化为内核的大一统国家的形成，丝绸、瓷器和茶叶等农业及手工业产品、以四大发明为代表的古代先进技术、中华元典思想和文化艺术，通过经贸活动、文化交流、政治外交不断从中原地区向四周传播并走向全球，形成了具有世界影响的朝贡体系和汉字文化圈。唐宋时期，长安、汴梁和临安是当时全球范围内最发达的国际性大都市，其形成的城市文明对世界文明影响深远。黄河文化对推进世界文明进程产生的巨大影响力和作出的突出贡献，成为彰显中华民族文化自信的重要标志。

中国早期文明多元发展，以至于有“满天星斗”之说，早期文明与黄河流域的夏商周王朝文明基本上是互为一体的，所以在“满天星斗”中，黄河文明始终处于重要地位。在此基础上，形成了以中原王朝为核心的大一统观念，即尧舜禹时代族邦联盟一体观念、与夏商西周“复合制王朝国家”相适应的大一统思想观念、与秦汉以来中央集权的国家形态相适应的大一统思想观念。这样的“大一统”，保障了国土一统、政令一统、文化向心和民族自信。司马迁在

《高祖功臣侯者年表》中记述了汉立之初的封爵誓词:“使河如带,泰山若厉,国以永宁,爰及苗裔。”充分彰显了大一统国家的文化自信。

黄河文化在中华民族多元一体格局形成发展中的重要作用,对新时代深化国家认同、增强文化自信和构建中华民族共有精神家园具有十分重要的意义。保护、传承、弘扬黄河文化,关键是要将其融入今天的文化创新和发展中,融入当代的经济社会和人们的日常生活中,推动黄河文化在新时代发扬光大,涵养好中华民族的根和魂。

第二节　关系经济社会发展和生态安全的国家战略

黄河流域生态保护与高质量发展上升为国家战略,是继“一带一路”倡议、京津冀协同发展、长江经济带发展、长三角一体化发展、粤港澳大湾区建设后的第六个具有空间属性的国家发展战略,其完善了中国区域发展重大战略整体框架,为解决中国特定区域的重大问题提供了新的战略支撑。这一重要谋划不仅为黄河流域的发展提供了新的历史机遇,而且还为解决当前发展面临的主要问题、实现生态保护和高质量发展指明了战略方向。从黄河流域的生态安全屏障区、经济社会发展区和黄河水域的重要生命线这三个方面而言,黄河流域是关系我国经济社会发展和生态安全的重要因素,对我国的生态保护和高质量发展意义重大。

一、黄河流域是我国重要的生态安全屏障区

黄河如同一条巨龙在中华大地上蜿蜒曲折,宋朝的王安石曾经形象地描述黄河“派出昆仑五色流,一支黄浊贯中州”。这样一

条大河从青藏高原出发，流经黄土高原以及华北平原，沿途景色各异，既有上游荒漠地区“大漠孤烟直，长河落日圆”的浩瀚，也有中游黄土高原“黄天厚土大河长，沟壑纵横风雨狂”的粗犷，还有下游湖泊湿地“风动绿萍天上浪，鸟栖寒照月中乌”的优美。而所有的这些，都是我国黄河流域重要的生态功能区，是在黄河流域生态保护和高质量发展国家重大战略中继续保护和发展的优美景观。黄河流域是中国重要的“生态廊道”，形成了独具特色的生态系统，承担着防风固沙、生态环境保护和绿色发展的重要职能。

黄河流域不仅景色优美，而且地貌构成多样，拥有独特的生态系统，自然环境的多样性也让流域内的生物具有多样性。整个黄河流域从上游到中游再到下游，分布着广泛的国家保护动物，大家耳熟能详的大熊猫、藏羚羊、朱鹮和金丝猴等都在这个区域内有所分布，因此整个流域的自然景观秀美，拥有沙漠、草原和峡谷，构成了我国重要的生态屏障。

习近平总书记在黄河流域生态保护和高质量发展座谈会上引用谚语：“黄河宁，天下平。”这强调指出了黄河流域的重要地位。黄河，自古以来就与中华民族的发展格局息息相关，从自然发展而言，这是我国第二长河，从青藏高原的巴颜喀拉山发源，一路向东流动，其流域面积近 80 万平方千米，占据了近 1/10 的国土面积。黄河流经的区域范围自西向东非常广阔，各地自然资源差异显著。黄河从青藏高原出发，流经内蒙古、宁夏、甘肃、陕西和山西等地的高山峡谷和黄土高原，进而进入河南和山东等广袤无垠的平原区域。黄河沿岸自上游人烟稀少的高原腹地到中游自然资源丰富的砂石山地，再到一望无际的平原区域，所经区域人口构成多样、经济发展差异明显、自然风貌不同，但是其共同被这条大河像纽带一样连接在一起，沿河人民都是依黄河而生、因黄河而兴。习近平总书记非常关心母亲河的发展，一直牵挂着黄河流域的生态保护和高质量发展，他曾经在讲话中指出，“黄河流域在我国经济社会发展和生态安全方面具有十分重要的地位”。[①]

黄河流域是我国重要的生态屏障区，黄河流域的保护和发展对促进国家区域生态安全发展意义重大。国家生态安全是指一个国家具有支撑国家生存发展的较为完整、不受威胁的生态系统以及应对国内外重大生态问题的能力。按照国家总体安全观的战略要求，生态安全体系是国家安全体系的重要组成部分。“生态文明体系”这一概念的首次提出是在 2018 年的全国生态环境保护大会上。按照目前我国“两屏三带”（青藏高原生态屏障区、川滇-黄土高原生态屏障、北方防沙带、东北森林带和南方丘陵山地带）的国家生态屏障区分布规划，黄河流域是其中至关重要的组成部分。因此，面对黄河流域生态保护的现实问题和重大挑战，实施系统保护和治理势在必行。

黄河流域生态保护是国家生态文明建设的重要组成部分，也是习近平生态文明思想在黄河流域的贯彻落实。因此黄河流域的生态保护从根本上而言需要调节流域内人与自然的关系，实现可持续发展，针对流域内不同的区域划分和地域生态特征进行规划和保护。在此过程中要坚持转变发展方式，秉持生态优先、绿色发展的理念，通过分类治理、区域协同，立足于流域整体的发展规划，提升流域生态保护的针对性和有效性。

二、黄河流域是我国重要的经济发展区

黄河流域不仅生态地位显著，而且是我国重要的经济发展地

① 中共中央党史和文献研究院.十九大以来重要文献选编（中）[M].北京：中共文献出版社，2021：214.

带,属于能源的重要产区,还是国家重要的脱贫攻坚区,对于实现南北区域经济协调发展、促进“一带一路”建设具有重要的意义。此外,黄河流域的保护和发展有利于区域协同发展战略的进一步实施。黄河流域是我国重要的经济地带,农业和畜牧业基地地位重要,煤炭储量极为丰富,基础原材料和基础工业实力较强。流域内粮食和肉类产量占全国的1/3左右。煤炭、石油、天然气和有色金属资源丰富,煤炭储量占全国一半以上。黄河流域高质量发展对缩小黄河流域与其他区域、东西部之间的发展差距,构建以国内大循环为主体的新的发展格局具有重要意义。

黄河流域对我国经济社会发展意义重大,是我国的重要“能源产区”。按照流域的上、中、下游区域划分,黄河流域上游水资源丰富,中游地区煤炭资源产量巨大,下游的石油和天然气能源产量在全国占比很大。总体而言,黄河流域的能源资源为全国经济的发展贡献着不可忽视的支撑动力。除了能源产量丰富之外,黄河流域也是我国重要的粮食主产区,黄河上中游的河套平原被称为“塞上江南”,粮食产量丰富;中下游的河南和山东更是产粮大省。此外,山东省还是著名的蔬菜和水果产出地区。

从区域位置而言,黄河流域横贯我国北方东中西部,绵延5400多千米,从区域经济发展的角度而言,横跨了我国重要的区域发展地带。西部大开发战略、东北振兴战略、中部崛起战略和东部率先发展战略是我国区域经济发展的重要布局,从战略分布而言更加侧重于解决东西部经济协调发展的问题。而长江经济带战略和黄河流域生态保护和高质量发展战略更加侧重于解决南北经济协同发展问题。黄河横跨东西部协同发展的几大重要区块,同时,又位于促进北方地区经济发展的重要区域,从黄河流域外部区位发展来看,对于促进东西融合、缩减南北经济发展差距意义重大;从黄河流域自身来看，对于解决上游塌陷、中游崛起和下游发展，实现黄河流域自身区域协调发展也极具重大战略意义。

黄河流域与“一带一路”建设紧密相连。丝绸之路经济带的起点位于黄河流域的中游地区，经过蜿蜒的黄河，逆流而上，丝绸之路经济带通过甘肃向西北延伸，进而通过新疆向西不断向外发展，形成了主要面向中亚、南亚和西亚等国的重要贸易发展区域。除了向西延伸和发展之外，黄河流域在“一带一路”发展中也不断向东拓展，从区位发展来看，同京津冀区域紧密联系，进而继续向东；同时，在下游的山东，海上丝绸之路也不断发展，成为黄河经济带的重要经济增长区域。黄河流域向南不断拓展，同长江经济带和“长三角”地区以及粤港澳大湾区发展不断对接，由此也会有效推动“一带一路”倡议进程。

总体来看，黄河流域的生态保护与高质量发展不断打破行政区域壁垒，挖掘合作共赢机制，进而实现资源优势互补。因此，这一国家重大战略的实施是构建循环畅通的国民经济发展体系的必然要求。

三、黄河水域是重要的生命线

黄河是我国第二长河，蜿蜒5400多千米，但是黄河流域的水资源总量仅占全国的2%，属于极度缺水区域，而水资源的开发利用率已经接近甚至超过80%，远远超出国际水资源开发上线40%的数值。因此黄河水资源的开发利用已经接近极限，成为制约流域内部生态良性运转和经济社会可持续发展的短板。黄河水不仅为流域内人民生产生活和发展提供重要支撑，而且还为流域以外提供重要的水资源补给，是我国北方区域不可或缺的生命线。因此，对黄河水资源的合理利用成为关系流域省区经济社会发展的重要控制性因素，为此国家高度重视黄河水的水安全和水生态保护以及水资源利用等相关事宜。

2020年出台的《黄河流域生态保护和高质量发展规划纲要》中更是明确提出了“四水四定”原则，即以水定城、以水定地、以水定人、以水定产的“十六字”治水思路。这一用水原则的提出，进一步彰显了黄河水在新发展阶段中的重要地位和关键作用，为新时代做好水资源集约安全利用明确了任务、指明了方向。这一治水措施的推进是在黄河流域坚持走节水先行、生态优先、适水发展、人水和谐的集约节约治水思路的具体体现，将有力地推动黄河流域的生态保护和高质量发展。“四水四定”治水思路并非是对于一城一地一区域的限制，而是着眼于整个黄河流域提出的，是面向解决新时期黄河水短缺的应对之策。在具体实施过程中，一方面从黄河流域生态保护的角度来看，要注意控制黄河水资源的开发利用强度，将生态保护作为黄河水资源利用开发的首要任务，为此，在具体的执行过程中可能会激化水资源的供需矛盾，出现诸如湿地面积萎缩减少等生态问题；另一方面，从黄河流域高质量发展的需求来看，水资源作为经济社会发展的基础动力和支撑，维持其稳定，促进黄河流域的长治久安，稳固整个国家的粮食安全、能源安全同样至关重要。因此，在黄河天然径流量衰减和用水量有可能持续增加的矛盾之中，树立大局意识，探索黄河水的集约化发展路径至关重要。

目前，黄河水生态状况持续转好，黄河流域的森林面积不断增加，区域涵养水源的能力有所提升。黄河水资源的节约集约利用率也在持续增长，但是与国际先进水平相比，黄河流域的农业、城镇生活和工业等仍有一定的节水潜力。为此，要坚决贯彻执行“四水四定”原则，不断完善各项政策措施，进一步加强黄河水资源的开发利用管理。

黄河发展中面临着水资源短缺的同时，也面临着洪水的风险和威胁，同时水资源的开发和利用还同生态环境保护、流域内高质量发展紧密相连，这些关联的问题也凸显了黄河水治理的长期性、复杂性和艰巨性。黄河水安全不仅关系到治黄方略、水资源配置格局与重大水利工程布局，而且还事关经济安全、能源安全、粮食安全、生态安全和国家安全。习近平总书记提出黄河流域生态保护和高质量发展重大国家战略，将进一步规范黄河水的开发和利用，为黄河流域发展带来新机遇。

第三节　探索区域和流域综合治理的国家战略

随着习近平生态文明思想的不断发展，其内涵也逐渐丰富。黄河流域生态保护和高质量发展战略是习近平生态文明思想在区域（流域）发展中的新实践。将黄河打造成“幸福河”的治理理念也是从生态文明的角度不断推动黄河流域生态保护和高质量发展、实现人与自然和谐共生的历史必然，因此黄河流域生态保护和高质量发展在成为一个极具实践意义的现实战略的同时，也成为一个极具理论意义的前言课题。从生态文明的建设思维来看，同长江经济带这一国家重大战略一样，黄河流域生态保护和高质量发展也是一种区域发展战略，包含了多重维度目标的综合性变革，必将带来深刻的经济社会发展转型，因而这一国家重大战略是一个长期奋斗的过程，其核心是将流域发展中的生态保护和高质量发展有机结合。这一久久为功的过程同其他国家重大战略一样，都是我国对区域和流域综合治理的一种重要探索。

一、黄河国家重大战略是对大江大河生态保护治理路径进行探索的新标杆

继长江经济带成为重大国家战略之后，黄河流域生态保护和高质量发展亦上升为国家重大战略，国家对大江大河的治理事关发展全局，对实现中华民族伟大复兴的中国梦意义重大。在习近平生态文明思想的指引下，对长江、黄河等大江大河的治理更加注重理念引领，一段时间以来，成效显著，充分地显示了我们党和国家对流域治理的认知与把握达到了新的高度。

人类文明的发展与流域紧密相连，综观世界主要流域的发展历史，有一点能得到充分的证明，那就是：凡是注重人与自然和谐相处的流域，都能在进一步的发展中保持活力；否则就会因为生态遭受破坏而损害流域文明进程的发展和传承。习近平总书记在讲话中提出的"生态兴则文明兴，生态衰则文明衰"①的历史生态观，要求我们在深入贯彻落实黄河流域生态保护和高质量发展的过程中要从生态文明的高度处理好保护和发展的关系，要将这一理念具象地落实到流域治理的每一个细节中。由此可见，建设人与自然和谐共生的现代化，是习近平生态文明思想的重要内容，也是黄河流域生态保护和高质量发展的重要遵循。习近平总书记在中共中央政治局第二十九次集体学习时指出："中国式现代化具有许多重要特征，其中之一就是我国现代化是人与自然和谐共生的现代化，注重同步推进物质文明建设和生态文明建设。"②

黄河流域在人类发展历史中产生并发展了辉煌灿烂的文明，

---

① 习近平.论把握新发展阶段、贯彻新发展理念、构建新发展格局[M].北京：中央文献出版社，2021：247.

② 中共中央宣传部、中华人民共和国生态环境部.习近平生态文明思想学习纲要[M].北京：学习出版社、人民出版社，2022：17.

这些文明随着时间的推移已经持续了数千年。随着人类社会由农耕文明进入工业文明，黄河流域也在城镇化的进程中不断加快步伐。一段时间以来，随着黄河流域大踏步地向工业文明迈进，各种资源开发规模不断扩张，人类对自然的索取一度不断加剧，黄河流域很长一段时间都处于被“喝干榨尽”的状态，沿河流域的可持续发展一度受到严峻的挑战。所以，在贯彻落实黄河流域生态保护和高质量发展的进程中，一定要不断探索人与自然和谐共生的新路径，也正是从这个意义上说，黄河流域的治理意义重大，必将成为对大江大河生态保护治理路径进行探索的新标杆。

要实现大江大河生态治理新标杆这一目标，就要深刻分析长久以来黄河复杂难治的根源、准确把握流域治理的客观规律，同时还要借鉴国内外流域治理的先进经验。在实际治理过程中要不断发挥水利枢纽在调水调沙、防洪减灾、调蓄径流中的作用，科学合理地对分洪区域、蓄洪区域进行设置。通过科学合理的设置，让水利工程真正做到调节洪水，减轻洪灾，修筑河堤、疏浚河道，便利航运和防洪。另外要贯彻落实生态文明理念，还要对黄河沿岸的区域进行科学规治，加大植树造林力度，保护自然植被，增强涵养水源功能，减少水土流失及河道泥沙淤积。同时还要加强流域生态环境治理。依据“四水四定”原则，不断巩固城市化地区集中人口和经济要素的承载功能，调整和优化产业结构，促进产业转型升级，加大节能减排技术改造，降低工业和生活排放强度，缓解人类生产、生活行为对生态空间造成的挤压。无论是从黄河治理历史还是从现实发展情况看，唯有“大保护”与“大治理”并重，才能推动流域合理保护与开发，才能从根本上解决好黄河流域生态保护与高质量发展的问题。

二、战略的落地对构建跨区域流域协同治理具有重要典范意义

从所处地理位置来看，黄河流域具有“平衡南北方、协同东中西”的区位优势。同时，作为我国重要的生态功能区，黄河流域的生态安全对于国家生态安全的建设具有不可忽视的作用。黄河上、中、下游有着不同的资源生产特色，无论是上游的水资源，还是中游的煤炭资源，或是下游的石油、天然气储备等都十分丰富，该流域称得上是我国的“能源流域”，在国民经济发展中地位显著、作用突出。随着时代的发展，我国不断加大区域协同发展，西部大开发、东北老工业基地振兴、“长三角”和“珠三角”等经济发展举措，京津冀协同发展战略等都可以看作是我国在区域发展中的不断尝试。如果说黄河流域生态保护和高质量发展战略实施之前，我国的区域发展更多的是在促进东西部协同发展的话，那么，随着黄河国家重大战略的实施，近几年来不断扩大的南北经济发展差距也将得到逐步缓解。推进黄河流域高质量发展，探索新机制与新路径，形成新模式和新的动力引擎，有利于推进北方地区尤其是西北地区的发展，促进我国新时代区域协调发展格局的形成。稳定黄河流域城市群的生态、经济、人口和就业，推动中心城市和城市群迈入高质量发展轨道，对推动黄河全流域及相关省(区)的高质量发展和稳定北方地区经济增长具有非常重要的作用。因此，从这个意义上说，黄河流域生态保护和高质量发展这一国家重大战略可以更好地促进南北经济的协同发展和东西部的共同进步。

着眼于黄河流域自身而言，黄河流域生态保护和高质量发展战略要想落地实施，非常重要的落脚点也是流域所在区域的协同治理和发展。黄河流域横跨九个省区，一般而言，“流域”一词更多的是指向地理意义上的概念，但是黄河流域生态保护和高质量发

展国家重大战略的落地实施，应该跳出简单的行政区划观念，共同推进大保护，进而实现协同治理和系统治理。为此，打破传统的政绩观、实现合作大于竞争的全局观，是黄河流域整个区域发展的重要设计理念。生态补偿制度的建立和健全，在一定程度上能够改善上游地区只顾自身利益而罔顾全域发展的境况。就一个流域的发展而言，若是一个区域只顾本地发展，搞过度开发、粗放式发展的话，不可避免地会损坏自然生态系统，进而导致本区域甚至是整个下游区域出现水土流失、环境污染等恶劣情况，终将损害区域自身和整个流域的发展。为此，在黄河流域实现跨区域协同发展和生态保护、逐步探索和完善相应的生态补偿机制就显得格外重要。2021 年，河南省和山东省的生态补偿机制以一场区域之间的“对赌”形式受到关注，最终山东省向河南省“如约”支付了相应的生态补偿金。这一事例也对黄河流域生态保护和高质量发展生态补偿机制起到了积极的促进作用。

在这一理念导向下，各地积极探索高质量发展的新路径。由于各地所处的城镇化和工业化发展阶段不同，区位条件、资源状况、要素禀赋不一，高质量发展的路径也理应不同。在生态环境保护和资源约束趋紧的条件下，黄河流域要积极探索适合本区域资源禀赋的产业发展新路径，立足比较优势条件，构建符合高质量发展的动力系统，结合资源禀赋、历史底蕴、区位条件、产业基础，遵循“宜水则水、宜山则山，宜粮则粮、宜农则农，宜工则工、宜商则商”的发展原则，积极探索富有地域特色的高质量发展路径。黄河流域地域面积广、地区差异大，各地要在主体功能区规划的基础上找准定位，上游的三江源、祁连山等重要生态功能区的重点功能定位是保护生态、涵养水源，提供和创造更多绿色生态产品，要限制或禁止发展工业，不允许高强度的工业开发。河套灌区、汾渭平原等粮食主产区要发挥“国家粮仓”功能，重点发展现代化农业，积极配合国家做好“藏粮于地、藏粮于技”战略，提高农产品质量和品质，为保障国家粮食安全作出贡献。黄河流域拥有郑州、济南、西安、太原等区域中心城市以及中原城市群、山东半岛城市群、关中城市群等国家级城市群，这些经济发展条件好的城市化地区要朝着规模化、集约化方向发展，进一步提高承载更多经济和人口要素的能力，更有效率地推动基础设施和公共服务均等化。

三、战略的执行将为构建国际国内双循环格局提供有力支撑

构建新发展格局要实现生产、分配、流通、消费等各环节的全面畅通。作为我国经济社会发展中发挥举足轻重作用的增长极，黄河流域要在构建新发展格局中发挥重要作用、体现重要地位。从生产角度看，黄河流域资源丰富，是农业生态产品和工业产品的重要生产空间，是我国重要的生态屏障和“国家粮仓”。青海、甘肃、内蒙古等西北地区是我国的重要生态屏障，是国家主体功能区中生态产品的主要提供区，拥有青海三江源国家森林公园等。河南是国家重要的粮食主产区。从需求角度看，黄河流域人口分布多，2019 年黄河流域九省(区)常住人口为 4 亿多，占全国人口的 30.13%，是人口红利最富集的地区之一。其中，河南、山东是我国的人口大省，人口上亿，分列全国人口的第 2 位和第 3 位。人口规模大，既为产业发展提供了丰富的劳动力，也蕴含着巨大的消费市场，具有强大的本地市场效应，这正符合在新发展格局中构建完善的内需体系的需要。从流通体系角度看，河南、山东是全国重大交通枢纽中心和大通道，是全国物质流通的重要枢纽，是实现物畅其流、人畅其行的重要通道。黄河流域所处的交通区位和发达的交通网络，不仅能够为本区域发展提供强大的物流支撑，而且还为构

建现代化流通体系提供强大支持。

黄河流域在构建国内国际经济双循环新发展格局中具有非常重要的地位，沿黄九省（区）4亿多人口对拉动以国内大循环为主体的经济建设发挥着至关重要的作用。同时，整个黄河流域东西双向互济、陆海内外联动的区位优势，对促进高水平的对外经济合作也具有重大作用。在“一带一路”六大经济合作走廊中，多条通道都从黄河流域穿过。黄河流域深度参与“双循环”发展战略，可以利用国内国际两种资源、两个市场，构筑流域发展的新格局和新优势。如与“一带一路”建设、西部陆海新通道建设相结合，推动呼包鄂榆、兰州—西宁、宁夏沿黄、天山北坡等城市群建设；借助东部沿海地区发展推动山东半岛城市群、中原城市群优化发展；促进流域新型城镇化、新型工业化的发展，形成新发展格局和新的发展优势，强化其对我国国土空间开发的支撑作用。

从生态文明的角度而言，推进黄河流域生态保护和高质量发展战略特别强调了流域的自然生态、经济发展和空间布局等重要因素，致力于推动流域内的生态文明建设和可持续发展理念，是我国人与自然和谐共生现代化的历史必然。习近平总书记指出：“我国现代化是人口规模巨大的现代化，是全体人民共同富裕的现代化，是物质文明和精神文明相协调的现代化，是人与自然和谐共生的现代化，是走和平发展道路的现代化。”[①]通过梳理习近平总书记在视察沿黄各地所发表的重要讲话，我们不难发现其中一直贯穿着“人与自然和谐共生”的治理理念。

黄河流域生态保护和高质量发展战略在习近平总书记的亲自擘画之下已逐渐形成并推进实施。其正式提出是以2019年9月

---

① 习近平.谈治国理政(第四卷)[M].北京，外文出版社.2022：164.

习近平总书记在郑州主持召开的推动黄河流域生态保护和高质量发展座谈会并发表重要讲话为标志。自此之后，黄河国家战略进入紧锣密鼓的实施阶段，其中，《黄河流域生态保护和高质量发展规划纲要》于2021年10月正式发布实施。随后，习近平总书记在济南主持召开了深入推动黄河流域生态保护和高质量发展座谈会并发表重要讲话，提出要注重整体观念、大局观念和全面思维、底线思维等，并以此来推动黄河流域生态保护和高质量发展战略的实施。黄河流域生态保护和高质量发展上升为重大国家战略，充分体现了以习近平同志为核心的党中央对中华民族伟大复兴的战略考量、对子孙后代赓续发展的历史担当和对保障国家生态安全的深思熟虑，其意义重大而深远。

第四章　黄河流域生态保护和高质量发展的主要挑战

在黄河流域生态保护和高质量发展战略中，习近平总书记提出的“共同抓好大保护，协同推进大治理”是总体要求和发展主线。从本质上看，“大保护”的要求蕴含在广义的“大治理”之中。2021年10月，中共中央、国务院印发《黄河流域生态保护和高质量发展规划纲要》，开启了黄河保护治理的新篇章，对各地区、各部门贯彻落实“黄河流域生态保护和高质量发展”这一重大国家战略具有重要指导意义。同时，《黄河流域生态保护和高质量发展规划纲要》也提出了这一重大战略面临的严峻挑战。

黄河流域自然条件特殊，存在海拔落差大、支流补水量不足等客观条件；同时黄河流域开发利用率长期以来居高不下，黄河水流的利用率严重超出水资源开发利用的一般标准；黄河水污染严重，特别是泥沙含量过高以及水资源不足等现实问题，成为困扰黄河发展的老大难问题。因此，要保障黄河长久安澜，必须紧紧抓住水沙关系调节这个“牛鼻子”，同时国家提出了“四水四定”原则，指出要将水资源作为最大约束条件，逐步实现水资源的节约集约利用。

习近平总书记对长江流域作出的问题诊断是“长江病了”。与长江经济带相比，黄河流域生态保护和高质量发展战略有着不一样的问题和挑战。对此，习近平总书记的表述是“黄河体弱多病”。“长江病了”主要是指长江经济带的经济发展与生态环境保护的矛盾比较突出，长江水质和生物多样性受到严重威胁，要追根溯源、诊断病因、找准病根、分类施策、系统治疗，这也是长江经济带要坚持共抓大保护、不搞大开发战略导向的根本原因。黄河“体弱多病”主要是针对黄河“水少沙多、水沙异源”的特征作出的诊断，“体弱”主要是指黄河流域生态比较脆弱，中上游地区大部分在 400 毫米降水线西侧，中游有大部分地区属于农牧交错带，生态十分脆弱；“多病”主要是指黄河流域生态环境、抗旱防洪防凌、调水控沙、生物多样性保护、“地上悬河”等多种问题交织，复杂多样。

第一节 黄河流域水资源问题严重

黄河流域最大的矛盾是水资源短缺，但洪水仍然是最大的威胁。上中游大部分地区位于 400 毫米等降水量线以西，气候干旱少雨，多年平均降水量 446 毫米，仅为长江流域的 40%；多年平均水资源总量 647 亿立方米，不到长江的 7%；水资源开发利用率高达 80%，远超 40%的生态警戒线。长久以来水沙关系不协调，黄河下游泥沙淤积、河道摆动、“地上悬河”等老问题尚未彻底解决，下游滩区仍有近百万人受洪水威胁，气候变化和极端天气引发洪水的风险依然存在。

一、黄河流域水资源保障形势非常严峻

从地理位置来看，黄河流域地处温带，年降水量有限，经常存在季节性不均衡等现实情况。黄河流域用水却大多为粗放式，节水型设施有限，黄河水基本上处于“喝干榨尽”的状态。因此，黄河水资源保障形势不容乐观。无论是从总体开发率还是从人均占有量而言，对比现行国际标准，黄河流域都相去甚远。黄河流域内人均水资源占有量仅为每人 530 立方米，而国际现行严重缺水标准为每人 1000 立方米；流域内水资源开发利用率已经高达 80%以上，远远超过现行流域开发率 40%的生态警戒线。除了沿黄区域使用黄河水之外，还有一系列“引黄”工程也提高了黄河水的利用率。

黄河水补充不够、节水潜力有限。因为“地上悬河”等地理原因和“水往低处流”的现实状况，与其他流域相对比而言，黄河水的支流对干流的补充量远远不足。据分析，黄河流域极限节水潜力只有 25 亿～30 亿立方米，其中宁蒙灌区是节水的重点区域，但过度节水又会造成该地区湖泊湿地萎缩、土壤盐渍化、地下水位下降等一系列问题。个别地区超计划用水和极端方式取水现象仍时有存在，部分地区地下水超采严重。

我国第一长河是长江，长江全长 6300 千米，作为第二长河的黄河全长 5464 千米，两条河流从长度上来看相差仅仅 800 多千米，但是年径流量却相差悬殊：长江的年径流量是 9500 亿立方米，而黄河的年径流量仅为 647 亿立方米。这其中有一个很重要的原因是黄河干流主要流经干旱、半干旱和半湿润地区，降水量较少，蒸发量偏大，因此黄河干流水量偏小。另外，受气候影响，黄河流域地处暖温带和中温带区域，冬季会有结冰期出现，因此，部分干

流和支流河段可能会在初春或者初冬结冰期形成凌汛，这也给黄河水文带来了和长江水文不一样的特征。从数据上看，黄河流域人均水资源不足全国的30%，流域面积占全国的8.3%，年径流量仅占全国的2%，却承担着全国15%的耕地面积和12%的人口供水任务，因此属于严重缺水地区。

也正是因为黄河水资源形势的严峻，黄河一般会被称为我国"第二长河"而非"第二大河"。未来，随着黄河流域沿线的京津冀协同发展战略、雄安新区建设等一系列区域发展战略的实施，黄河流域水资源的短板制约作用会更加凸显。为此，习近平总书记高瞻远瞩，在黄河流域生态保护和高质量发展座谈会上提出要将水资源作为最大刚性约束，明确了黄河流域水资源的发展策略，也就是经常被提起的"四水四定"的原则，即以水而定、量水而行，坚持以水定城、以水定地、以水定人、以水定产。这就要求黄河流域要依靠生态保护，加大节水产业和节水技术的使用，在保障居民生活用水的前提下，增加生态用水，优化地区水资源使用结构，为黄河流域生态保护和高质量发展培育新的要素市场，扩展新的要素空间，培育黄河流域经济发展的新动能。

二、黄河流域在水环境方面仍需进一步治理

在水环境方面，黄河流域内工业污废水排放和农业污染情况极为突出。随着污染治理力度的不断加大，黄河流域在水域污染和土壤污染以及大气污染等方面的治理有了很大进步，但是仍然存在较为严重的现实问题，亟须进一步的治理。

习近平总书记在黄河流域生态保护和高质量发展座谈会上指出，当前黄河流域仍存在一些突出困难和问题，这些问题，表象在黄河，根子在流域。习近平总书记用形象的语言，深刻地阐释了河

流和流域的关系问题，一针见血地指出了黄河水存在的问题，也指明了流域治理的方向——黄河水的治理不仅仅包含黄河干流，而且需要在支流的治理上下足功夫，明晰了让“母亲河”成为“幸福河”的发展路径。

从调查数据来看，黄河干流的水质改善较黄河支流更为显著，黄河支流目前仍旧是黄河水污染治理的重点单元。根据《黄河水资源公报》(2000～2018年)显示，黄河干流和支流的水质存在较为明显的差异。该调查公报显示的数据表明，黄河流域好于Ⅲ类水体的河段长度占比从38.7%上升到73.8%，Ⅳ～Ⅴ类水体、劣Ⅴ类水体的河段长度占比分别从37.3%和24%下降到13.9%和12.4%。从2016年到2019年间，黄河流域好于Ⅲ类水体的国控断面比例不断上升，从50.0%升至72.9%，而劣Ⅴ类水体的国控断面比例不断下降，从25.0%下降至8.8%，黄河干流彻底消除劣Ⅴ类水体。而黄河的汾河干流、石川河和清涧河等主要支流近十年水质持续为劣Ⅴ类。[①] 这种数据对比的出现，也是因为河流自身净化的产生与发展同径流量密切相关，黄河治理径流量相对较小，容纳污染的承受能力有限，因此水质更难改善，水污染更容易发生。除了干支流水域污染存在差异之外，黄河流经的九个省区的水质状况也存在差异。

从区域布局和产业发展角度来看，黄河流域水污染呈现复合性。黄河干支流沿线有着密集的工业生产和居民生活区域。河流从源头到入海口有各种类型的能源产业分布，这些能源产业曾经都是与高污染联系在一起的，这就导致了黄河中下游各大支流的水质自上游而下逐渐恶化。支流沿线的重工企业污染、农业面源

① 孙佑海.黄河流域生态环境违法行为司法应对之道[J].环境保护，2020，48(C1)：33-40.

污染、日常生活污染都逐渐汇集，加上下游河道淤积、河床高悬，也加剧了黄河水体污染的复合性。

黄河排污口排水呈现季节性流域内水资源时空分配不均且总量逐渐减少的态势。结合现实情况来看，流域内偏低的用水效能以及大量损耗地表水的取水方式，加剧了水资源的紧缺，枯水期地表水损耗更为严重，加剧了黄河流域水污染，季节性降雨导致季节性排污，逢大雨季节，雨水将大量污染物经排污口倒灌后冲入河道，从而导致黄河水质出现季节性反弹。

黄河流域的水资源污染受到气候变化和人类活动的双重影响，因此，水污染呈现出复杂性，这就要求水治理要具有长期性，需要建立更为合理的水资源评价机制，以适应当前水资源各项严格的管理要求。为此，黄河流域也正在不断加大水质监测管理制度、实行水污染总量控制等，以期早日改善黄河流域的水环境。

三、黄河流域最大的威胁是洪水

中华人民共和国成立以来，黄河连续 70 余年实现了堤防不决口，但每当汛期到来，局部的水涝灾害仍时有发生，夏季的防汛和初春的防凌汛都是黄河治理中的重要内容。因此，黄河安澜的背后也潜伏着发生洪水的风险和危机。

黄河上游宁蒙河段形成新的悬河，黄河上游梯级水库建成后，大流量过程显著减少，汛期与非汛期来水比从天然状态下的 4∶6 转变为现状的 6∶4，导致宁蒙 200 千米河段形成“新悬河”，防洪、防凌形势严峻。中游潼关高程居高不下，潼关高程是表征黄河中游泥沙淤积的重要指标。潼关泥沙淤积，将顶托渭河汛期洪水下泄，威胁渭河防洪安全。黄河下游滩区防洪治理策略与滩区可持续发展存在一定程度的不适应。随着上中游控制性水库运用和水土保持建设，进入黄河下游的洪峰和泥沙逐渐减小，洪水漫滩概率大大降低，但目前黄河滩区的功能定位仍然更多地放在滞洪沉沙，治河与滩区发展矛盾仍然存在。

四、黄河流域水资源的区域协同战略需要进一步完善

习近平总书记提出的“把水资源作为最大的刚性约束”“四水四定方针”是扭转黄河流域水资源开发利用困境、实现黄河流域水资源区域协同发展的尚方宝剑。

对比长江“黄金水道”，黄河流域目前尚未具备全域通航条件，也正因如此，黄河流域目前的城市建设、产业融合以及经济协作等尚未能真正实现水资源利用，特别是以航运作为基础条件的目标。同时，以水资源作为区域核心的流域协同发展机制也尚未完善，因此，在黄河流域的水资源战略发展中，需要加大以水资源利用为核心内容的合作机制。要达成这种局面，首先，需要黄河沿线各个区域结合自身特色，积极寻求流域内适宜的资源、城市、产业等进行优化合作，在此过程中可以将区域间政府合作同产业合作紧密结合。其次，要实现黄河流域各个区域之间依托水资源相融合还需要加大对水资源要素的认知。区域之间要加大培养以水权为要素的市场，以此增进各方主体对区域之间合作的重要性和急迫性的认知。再次，可以在顶层设计规划之下，创新黄河沿线各区域之间的水资源协同机制，打破区域藩篱，实现各区域之间的产业融合，寻求市场主体的进入，促进黄河流域全域和全要素依托水资源实现发展，在此基础上可以探求新的技术创新增长点，建立健全相关的新动能产业保障机制。

黄河流域水资源的短缺和洪水灾害问题可以归结到水的治理问题。要想更好地实现黄河流域水问题的资源管理，在现代社会

治理的理念之下，除了依靠政府的力量之外，还应该真正地体现人民群众在黄河水资源治理中的主体作用，因此在黄河水资源的治理中也应该改变传统的单一管理模式，在引入科学治理理念的同时，采用更多、更有效的多元治理模式。在实际的治理中，不断激发广大社会公众参与黄河水资源治理的积极性，逐步地构建起政府、公众和社会组织共同参与的水资源治理模式，真正打造黄河流域的共建共治共享模式，不断改进黄河流域水资源状况，有效提升水资源利用率，同时真正减少洪水给沿河居民带来的威胁。在这个体系的构建过程中，首先，要建立健全信息公开机制，随着黄河流域生态保护和高质量发展战略的深入推进，该战略不断得到社会各界的广泛关注，为此，要不断健全落实人民群众对于黄河水资源有效利用和黄河防洪体系构建的信息公开机制，落实人民群众的知情权和参与权。其次，要不断健全黄河流域水资源、水环境、水安全等科学考评机制，将调研、论证和测评等贯彻到公众参与的各个环节。最后，要结合黄河沿线各个不同区域的不同地域特征、民族特征等，深入挖掘积极有效的水资源利用和宣传保护体系，培养具有地方特色的民族地区生态保护和水资源节约集约利用，以及水安全文化宣传体系等，真正让黄河流域水资源的治理在各具特色的地区中不断发展。

第二节　黄河流域生态环境脆弱、水沙关系不协调

黄河流域是典型的“生态脆弱区和生态功能区”并存的区域，区域面积分布宽广，种类多样。上游区域曾经一度出现生态系统退化、水源涵养能力低、长期气候干旱、常年降水量偏少、植被稀疏的状态。中游区域黄土高原土质疏松，水土流失严重，成为水沙关

系调节的关键因素。下游区域水沙关系治理问题凸显，特别是悬河问题一直悬而未决，严重威胁沿河居民的生命及财产安全。因此，深入推动黄河流域生态保护和高质量发展是提高生态系统质量、筑牢国家生态安全屏障的重要支撑。

在黄河流域生态保护和高质量发展战略中，流域的概念已经不仅仅是单独的水文单位，而是包含水域、地域和社会系统在内的一整个空间单元。黄河作为我国的第二长河，在广袤的大地上一路奔涌向前，流经九个省（区），沿河两岸不同的地域特征和经济社会发展方式使得黄河流域的生态面貌呈现出多样性，生态问题也呈现出复杂性。但是总体而言，当前黄河流域最大的问题是生态脆弱。黄河流域生态脆弱区分布广、类型多，上游的高原冰川、草原草甸和三江源、祁连山，中游的黄土高原，下游的黄河三角洲等，都极易发生退化，恢复难度极大且过程缓慢。环境污染积重较深，水质总体差于全国平均水平。

一、黄河流域自然生态环境退化问题突出

黄河流域不仅是我国生态脆弱区分布广泛的区域，而且还是脆弱生态种类分布最多、生态脆弱性表现最显著的区域之一。从生态区域的分布而言，黄河流域大部分地区都属于中度脆弱、重度脆弱和极度脆弱区，因此生态保护任务繁重，生态环境问题是黄河流域生态保护和高质量发展中最突出的问题。黄河流域水资源短缺、开发利用率极高，导致自身水净化能力缺失，加大了生态保护的难度。上游水源区因为过度放牧等原因，造成水源涵养能力一度降低。从 20 世纪 70 年代开始，三江源地区生态系统开始持续退化。黄河中游流经的黄土高原区域水土流失严重，每年黄河流域每平方千米就有 4000 吨的土壤被河水冲刷从而不断被侵蚀。

黄河下游的湿地也曾经在 1973～2013 年不断萎缩。黄河的生态承载能力不断受到破坏，这也意味着在很长一段时间里黄河流域面临着更为严峻的生态环境问题和生态保护的艰巨任务。

黄河生态环境的退化已经出现了很长一段时间。黄河被称为中华民族的母亲河，黄河流域是华夏文明产生的重要区域，在中华民族几千年发展中，黄河流域曾经长期作为中国的政治、经济和文化中心而存在。但是在历史的长河中，随着时间的推移，黄河流域的发展逐渐衰落，其中不乏受人文因素的影响，但是更多地可以从自然的变迁中找到原因。这里所说的自然的变迁很大程度上是指人与自然关系不协调之下的自然环境的退化。历史上的黄河，曾经一度自然环境质量优良，属于植被丰富、水草丰美之地。但随着沿河而居的人数增多，特别是人类破坏等行为的出现，使得黄河流域环境逐渐退化。上游地区不断地屯垦戍边，造成植被和水源的不断破坏；中游地区的人口不断聚集，对自然资源需求日益旺盛，竭泽而渔的现象屡见不鲜；下游地区因长期发展单一农业、过度开发、建设城镇、战争不断等因素，使得黄河流域生态问题愈加突出。近代以来的军阀混战也让下游地区频发的洪水不断出现。自然因素和人为因素的叠加是黄河流域逐渐衰落、发展受到限制的原因。

黄河流域生态环境变化导致的区域干旱、缺水等极端气候状况频繁发生，20 世纪 90 年代，黄河下游区域曾经很长时间断流，出现河床干涸的现象。但同时，旱涝灾害分布极不均匀，洪水仍然是黄河流域所面临的主要威胁，并曾经一度导致人民的大规模迁移。随着黄河流域生态保护和高质量发展上升为国家战略，在习近平生态文明思想的指引下，黄河流域生态不断得到保护和修复，国家对极端灾害天气的应对能力也不断得到增强和提升，黄河流域依然是为人民群众提供滋养的“母亲河”。在新时代的发展中，这条传统意义上的“母亲河”正在成为人民群众心目中的“幸福河”。

二、黄河流域水沙关系不协调

习近平总书记在黄河流域生态保护和高质量发展座谈会上强调，要保障黄河长久安澜，必须紧紧抓住水沙关系调节这个“牛鼻子”。[①] 黄河流经黄土高原，输沙量大、含沙量高，水少沙多、水沙关系不协调是黄河复杂难治的症结所在。黄河属于典型的水沙不同源的河流，水沙关系不协调具体表现为水少沙多，因为水沙关系的不协调，也造成了“地上悬河”的奇观。水沙关系是黄河治理中的一个特殊性问题，也是一个最凸显的问题。

目前的黄河流域水沙关系仍需引起足够重视，从上游来看，宁蒙河段新悬河的出现有一部分原因是水沙关系对比数量出现变化，表明水沙关系的调节不仅仅是黄河中下游的注意事项，更需要引起各方的足够关注。从中游来看，潼关高程居高不下，表征着黄河中的泥沙还有大量淤积，这种淤积有可能会使渭河在汛期形成顶托，从而使得洪水下泄，威胁渭河防洪安全。对下游而言，当前的水沙关系不协调得到了一定的改进，随着上中游控制性水库的运用和水土保持建设，进入黄河下游的洪峰和泥沙逐渐减小，洪水漫滩概率大大降低，但目前黄河滩区的功能定位仍然更多地放在滞洪沉沙，治河与滩区发展仍然存在一定程度的不适应。

黄河水害隐患像一把利剑悬在头上，要保障黄河长久安澜，必须处理好和调节好水沙关系。针对黄河水沙关系调节的治理，国家修建了很多大型水利工程，诸如小浪底工程等，都在黄河水沙调

① 中共中央宣传部、中华人民共和国生态环境部.习近平生态文明思想学习纲要[M].北京:学习出版社、人民出版社,2022:69.

节中起到了不可或缺的作用。除了大型工程的修建完善外，在落实黄河流域生态保护和高质量发展重大国家战略中，也要注重历史和现实的结合、因地制宜和分段治理的结合、调查研究和科学理论的结合等。因此，在治理过程中要做到系统治理，统筹兼顾地完善一系列防洪工程体系，坚持底线思维，不断推进水库加固和山洪灾害防治，提高防洪减灾能力。在完善水沙调控机制的过程中，还要注重建立完善的治理体系，坚持系统观念，构建大局意识，解决流域治理中一度存在的“九龙治水、分头管理”的顽疾，采取切实可行并且具有实施针对性的一系列措施，进行河道改造和滩区综合治理提升等黄河治理工程，以便有效地减缓黄河下游淤积，保障黄河安澜。

三、黄河流域生态修复中的体制机制需要不断健全

黄河流域生态保护和高质量发展既是一项重大的国家战略，也是黄河流域治理的目标和要求。黄河流域生态环境脆弱，对其进行合理合法的生态修复是保障国家重大战略落地实施的重要环节。自古以来，黄河流域就在不断地被开发和被利用，在哺育中华儿女的同时，黄河的生态系统也在不断地遭受破坏，上文中提到的生态环境脆弱和水沙关系不协调等问题，都是黄河流域生态环境所呈现出的严重问题。这些问题的存在使得黄河流域的整体生态系统的运转受到了严重影响。对此，理应对黄河流域的生态系统进行有效的修复，以促进公共产品价值得以更加有效的实现。从治理理论的角度而言，在黄河流域的生态修复中，政府扮演着主导者的角色，是黄河流域生态保护修复的组织者，也是实践者。因此，生态修复工程的最终指向是为了促进整个黄河流域生态系统的不断改善，进而实现生物多样性的指标。

为此，我国也出台了此类专项规划，例如《全国重要生态系统保护和修复重大工程总体规划（2021～2035年）》中明确将黄河重点生态区生态修复作为重点工程之一。该规划针对黄河流域生态环境的脆弱性特征，落脚于黄河流域高质量发展的客观需求，明确了将黄河重点区域进行生态修复的具体安排。结合流域自身的完整性和系统性特征，黄河流域的生态修复工程旨在通过重点区域的生态修复和保护，达到改善整个流域生态状况的目的，进而实现流域生态修复和社会经济发展的协同共赢局面。

但是在具体的执行过程中，黄河流域生态修复中的体制机制还需要不断健全和完善。首先，黄河流域生态系统修复的相关法律监管体系尚未健全。我国虽然已经有了一些关于生态修复的法律法规，但是黄河流域生态的特殊性，决定了其生态修复工程任务的艰巨性以及同一般生态修复的差异性。为此，黄河流域的生态修复工程在实际的操作中难以真正将各项措施全都细化落实到位。其次，生态修复资金投入存在滞后现象。对于黄河流域的重点工程而言，其生态修复资金往往以政府资金投入为主，资金来源相对单一，从而造成了财政支付的增多。究其原因，一方面是黄河流域重点生态修复项目往往公益性偏高，盈利效能较低，社会资本进入意愿偏小。另一方面是从生态系统的整体性而言，目前的黄河流域生态产品价值实现的渠道需要进一步畅通，从而能够吸引多样化的资金来源，达到促进整个黄河流域生态保护和高质量发展的目标。最后，要在黄河流域生态修复过程中不断深化社会治理理念，积极引导公众有序参与。这对于黄河流域的政府职能转变和科学地进行资源管理都具有重要意义。

总体而言，黄河流域生态系统脆弱，既有因人为活动造成的损毁，也有因地理及自然资源和环境矛盾突出等尖锐问题造成的破坏,一旦破坏则恢复难度极大,需要几代人的辛苦努力和付出。因此,《黄河流域生态保护和高质量发展规划纲要》中明确提出,将提升生态环境保护水平作为战略重点,对重要生态系统采取最严格的保护修复措施,要通过系统治理、综合治理、源头治理解决环境污染难题,筑牢生态安全根基。

第三节 黄河流域高质量发展不充分、民生发展不足

黄河流域最大的短板是高质量发展不充分。沿黄各省(区)产业倚能倚重、低质低效问题突出,以能源化工、原材料、农牧业等为主导的特征明显,缺乏有较强竞争力的新兴产业集群。支撑高质量发展的人才资金外流严重,要素资源比较缺乏。黄河流域最大的弱项是民生发展不足。沿黄各省(区)公共服务、基础设施等历史欠账较多。医疗卫生设施不足,重要商品和物资储备规模、品种、布局亟须完善,保障市场供应和调控市场价格能力偏弱,城乡居民收入水平低于全国平均水平。另外,受地理条件等制约,沿黄各省(区)经济联系度历来不高,区域分工协作意识不强,高效协同发展机制尚不完善,流域治理体系和治理能力现代化水平不高,文化遗产系统保护和精神内涵深入挖掘不足。

一、黄河流域最大的短板是高质量发展不充分

黄河流域上、中、下游经济社会发展水平差距较大,与全国相比还处于相对落后的地位。第二产业占比偏高,工业中煤炭及相关产业占比偏高,但整体质量不高。黄河流域发展不充分、不协调是其发展中的显著特征。黄河流经的九个省(区),经济社会发展差异较大,对标全国经济社会发展而言,黄河流域的经济社会发展

水平也需要进一步提高。流域内石油、煤炭等资源丰富的同时也造成了高污染、高耗能，因此后续的发展动力需要进一步提升。黄河流域九个省（区）的人口城镇化比重也低于全国水平，流域内的多数省份“倚重倚能”现象严重，绿色产业发展水平偏低，欠缺发展动力。在经济发展中，黄河流域存在经济发达区域和成片经济欠发达区域并存的局面，因此整个黄河流域各个区域之间的经济发展关联度需要加强。

黄河流域各个区域之间关联性弱，很多区域的基础设施存在不完善的状况。从地域特征来看，整个区域地形复杂多样，既有山地高原，也有丘陵湖泊，经济发展总体水平和公共设施发展状况较之长江流域也存在较大差异。同时，黄河目前通航条件和能力受到多种因素的制约，也客观上增加了区域交流合作的成本，降低了区域之间的关联紧密度。

黄河流域产业同质性强，类型较为单一，创新能力偏弱。黄河流域自然资源丰富，长期以来形成了以矿产资源开发为主的产业结构，建立了一批以能源导向为主的重工业。能源产业的发展主要以煤炭、石油、天然气等开采和冶炼为主，矿业开采和金属冶炼形成了黄河流域能源开发的主要工业带。黄河上、中、下游相似的矿产和化工产业很多，同领域之间竞争加剧的同时也给环境造成了污染。部分企业新旧动能转换未能完全实现，在新兴产业领域有很大的发展空间。除此之外，黄河流域产业升级存在一定滞后现象。自然资源开采、冶炼等传统产业多，由此带来的后续问题之一就是生产方式较为粗放，产业升级发展较慢，因此很长一段时间以来流域内生态问题较为突出。

黄河流域在发展中跨区域的交流合作较少，不同区域之间的产业关联性较弱。随着黄河流域生态保护和高质量发展重大国家战略的进一步推进，黄河流域跨区域之间的合作正在逐渐深化，不同区域之间的利益协同机制和合作机制正在加大。比如黄河流域城市群建设、人工智能发展、沿黄九省(区)地理标志协会联盟成立等都是黄河流域跨区域合作的成果。但是仍需认识到目前的黄河流域无论是产业类型还是区域发展，都在一定程度上存在着竞争大于合作、产业分工缺乏科学区划、同质化发展仍然显著等问题。这些问题的存在加剧了各省区之间的平级竞争关系，会对黄河流域资源科学而合理地开发利用造成较大压力，也不利于黄河流域实现真正意义上的高质量发展。

为此，黄河流域在发展中必须走生态优先、绿色发展的现代化道路，要不断深入理解和准确把握生态保护和高质量发展之间的逻辑关系和重大实践问题，落实好黄河流域生态保护和高质量发展战略部署。

二、黄河流域最大的弱项是民生发展不足

黄河流域各个省份同全国其他区域一起在中国共产党成立100周年之际全面建成了小康社会，如期解决了绝对贫困问题，全面脱贫的目标已经完成。从长期发展来看，黄河流域生态困境仍然存在，生态保护区和生态脆弱区并存的局面并未完全脱离，高质量发展受到多种先天恶劣因素的影响，容易出现返贫或者是处在经济发展相对较低的水平。因此，未来民生发展的进步空间较为广阔。从历史发展来看，黄河流域一度是贫困人口相对集中的区域，全国一共14个集中连片特困区里面有5个区域涉及黄河流域，尽管这些区域也已经摆脱了绝对贫困的状况，但要持续保持高质量发展、实现更深层次的脱贫，任务还非常艰巨。除历史原因外，在黄河流域农区，贫困发生原因具有从自然贫困到经济贫困再

到社会贫困的变化特征，虽然经济因素和社会因素分别是导致贫困的主导性因素和解决贫困的关键性因素，但自然因素却是导致贫困的基础性因素。[①]

黄河流域各省（区）之间经济发展差异显著，民生改善和发展状况也不尽相同。各省（区）之间发展的差异不仅仅体现在经济发展指标，比如 GDP 和居民收入等方面，也体现在文化的发展、教育的投入、公共服务、医疗卫生、科学技术等方面的差异。从地域分布来看，黄河流域东西跨度很长，区域自然条件和社会经济发展水平存在很大差异，因此导致贫困的原因在流域中也存在很多种类。为此，在解决民生问题的过程中，还应该坚持具体问题具体分析，把黄河流域生态保护同高质量发展和减碳节能减排结合起来，制定更加精准的高质量发展政策。实现黄河旅游的高质量发展，改善民生，对于促进民族团结、维护社会稳定、实现社会主义共同富裕的本质要求都有格外重要的意义。所以，要实现黄河流域生态保护和高质量发展，就要做好黄河流域的整体性规划，推动区域共同发展，逐渐缩小黄河流域不同地区的差距。

在民生发展方面，黄河流域还存在绿色生活理念滞后的状况。在黄河流域生态保护和高质量发展重大战略的实施中，非常重要的一点就是要以实现黄河流域生态环境的保护为目标，为此，提出的战略任务之一就是要“坚持共同抓好大保护、协同推进大治理”。因此，整个黄河流域都要树立起真正的环保意识，将绿色生活的理念贯穿到生产生活中。随着我国主要矛盾发生转变，要想更好地解决人民对美好生活的需求，就必须坚持绿色生态环保的发展道路；同时，绿色生态环保的发展是黄河流域生态保护和高质量发展

① 杨永春，穆焱杰，张薇. 黄河流域高质量发展的基本条件与核心策略[J]. 资源科学，2020，42(3)：409-423.

的重要内容。但就目前的实际发展状况来看，黄河流域在生产生活发展方式上存在阻碍绿色发展的因素。例如，农业生产方式中对水资源的节约集约利用方面仍然存在大水漫灌的现象，工业生产中新旧动能转换不到位等情况仍然存在等等。这些现象和问题的存在给流域内人民绿色生活的进程造成了阻碍。目前，黄河流域生态保护的一些基础设施建设不完善，在一些区域对生态保护和环境治理的公示程度不够高，在实际工作的过程中给高质量发展战略的实施带来了阻碍。因此，黄河流域在发展的过程中要切实从理念上坚定以生态环境为基础的发展道路，加强生态产品的供给，真正地实现生态价值，有效地推动黄河流域的高质量、可持续发展，推动流域内的绿色发展同经济高质量发展相结合。

此外，居民的消费理念有待于进一步提升，流域内的居民在绿色生活理念的养成方面还有发展和提升的空间。同时，黄河流域绿色生活理念的养成，居民生活水平的提升，也都对流域内生态环境的绿色发展和环境治理水平提出了新的要求。因此，为了有效地推进黄河流域的生态保护和绿色发展进程，促进流域内环境治理水平的提升，就有必要在分析当前黄河流域绿色发展存在困境的基础上，进行区域性政策的研究和设计。

三、黄河流域文化挖掘和传承力度不够

习近平总书记在黄河流域生态保护和高质量发展座谈会上提出，“黄河文化是中华文明的重要组成部分，是中华民族的根和魂”[①]，总书记这一论述指出了黄河文化的重要地位，也对黄河文化在推进黄河流域生态保护和高质量发展这一国家重大战略中的发

① 习近平.论把握新发展阶段、贯彻新发展理念、构建新发展格局[M].北京：中央文献出版社，2021：332.

展提出了更高的要求。黄河文化的保护传承和弘扬有着极为重要的意义,作为一项系统而庞杂的工程,在推进的过程中面临着诸多的问题和挑战。

当前很多地方对黄河文化保护和传承的紧迫性认知不足。千百年来,厚重的黄河文化早已驻扎在中华儿女的灵魂深处。因此,很多人就会理所当然地认为,黄河文化和黄河文化的遗址、痕迹等会永远保留在某一个所在,永远不会消失,甚至从来没有想过要不要去进行保护,由此很多黄河文化遗迹在不知不觉中消失的状况时有发生。此外,黄河文化源远流长,包含范围极为广泛,因此,“清理家底”的任务尤为艰巨。很多文化资料都被保留下来,进行有效的摸底排查是文化保护和传承的重要起始点,特别是针对一些急需保护的文化传承载体,其中包括有形的物品或者遗址,也可能是口口相传的记忆或者技艺等。

黄河文化的传承和合理利用方面也存在难度。黄河文化是黄河重要的精神遗产资源,但是物质文化遗产遭受到大自然的风吹日晒甚至人为破坏,从而造成保护形势的紧张。非物质文化遗产因为人员的传承、社会的审美、风尚的变化等也存在保护和利用的困境。

黄河文化的挖掘设计范围极为广泛,加上黄河流域各区域地质地貌、风土人情、自然状态等差异,进行统一的整理难度极大。黄河文化的传承和整理方面有很多种分类方式,沿黄的文化作品形式多样,内容记载广泛,影响深远。这些作品一代代流传的同时也产生了黄河精神,除了不同地域的不同文化精神之外,黄河文化精神层面的家国意识、民族情怀、使命担当等都是需要当代人进行传承的重要内容。在物质层面需要挖掘传承保护的内容同样众多,从河堤古道的故事到沿黄风土人情的传唱、从居民建筑到服饰餐饮、从重大工程到生产交通等，都承载着厚重的历史，具有极其重要的文化价值。而目前对黄河文化的传承和整理要想实现数据化的加工，仍然有很长的路要走。

黄河文化在保护和挖掘的同时，在传承的推动力方面也需要加强。如何加大黄河文化产业的推动力度，实现文化产品的精神价值和现实价值的双赢，也是当前推进黄河文化发展的挑战之一。黄河文化名片的擦亮需要进一步精细化的顶层设计，有效实现文化产品和市场的精准定位。在文化传播的方式和内容的选取上也需要进一步开拓的空间，传播的技术形式和技术手段也有待于提高。

习近平总书记在济南召开的深入推动黄河流域生态保护和高质量发展座谈会上强调，我们要深入挖掘我国黄河历史文化中所蕴含的巨大时代文化价值，延续黄河的历史文脉，为加快实现中华民族伟大复兴的中国梦凝聚新的精神力量。因而，在黄河流域生态保护和高质量发展战略的实施过程中，我们要切实担负起黄河流域文化挖掘、保护和传承的使命和职责，积极打造黄河流域闪亮的文化名片，实现黄河流域文化的创新发展，让黄河文化在新时代持续地绽放传承了几千年的光彩，让厚重的黄河文化在新时代的社会主义现代化进程中为实现中华民族的伟大复兴而凝聚更多的力量。

党的十八大以来，习近平总书记非常关注黄河流域，以频密的脚步走遍了黄河流域的上、中、下游，多次主持召开重要会议研究黄河流域生态保护和高质量发展问题。只有清楚认知黄河战略的问题和挑战，才能更好地促进黄河流域生态保护和高质量发展战略的实施，才能使黄河流域最终成为我国打造世界级创新平台和增长极的重要空间载体，成为推动全国经济高质量发展的新动力源。

第五章　以加强生态环境保护为首要任务

黄河水少沙多，流经的大部分生态功能区都是国家主体功能区中的生态脆弱区，具有泥沙含量高、治理难度大、水害严重的典型特征，“体弱多病”，生态本底差，水资源短缺，流域各省（区）的发展不充分、不协调，一直难以满足沿黄人民对美好幸福生活的夙愿。党的十八大以来，我国加大力度推进生态文明建设，坚决打好污染防治攻坚战，下大力气解决生态环境问题，开展了一系列根本性、开创性、转折性、长远性工作，取得了很大的成绩，彻底摆脱了以牺牲环境为代价而发展的老路子，开辟了人与自然和谐共生的社会主义现代化新道路。绿色成为中国式现代化的底色，绿色发展理念深入人心，“生态优先绿色发展”自然成为黄河流域生态保护和高质量发展的主旋律。习近平总书记在2022年10月22日的重要讲话中特别强调“坚持生态优先、绿色发展”，要求沿黄省区坚定不移地走生态优先、绿色发展的现代化道路，准确把握保护和发展、发展和安全、全局和局部的关系，推动流域经济发展质量变革、效率变革、动力变革，谱写黄河流域生态保护和高质量发展的新篇章。

第一节 持续提升环境治理

一、强化环境治理，持续改善环境质量

环境既包括以大气、水、土壤、植物、动物、微生物等为内容的物质因素，也包括以观念、制度、行为准则等为内容的非物质因素；既包括自然因素，也包括社会因素；既包括非生命体形式，也包括生命体形式。环境是相对于某个主体而言的，主体不同，环境的大小、内容等也就不同。

狭义的环境往往指相对于人类这个主体而言的一切自然环境要素的总和。《中华人民共和国环境保护法》明确指出："本法所称环境，是指影响人类生存和发展的各种天然和经过人工改造的自然因素的总体，包括大气、水、海洋、土地、矿藏、森林、草原、野生动物、自然遗迹、人文遗迹、自然保护区、风景名胜区、城市和乡村等。"其中，"影响人类生存和发展的各种天然和经过人工改造的因素的总体"，就是对环境进行科学而又概括的定义。它包含两层含义：一是强调环境是以人为中心的人类生存环境，关系到人类的毁灭与生存。二是强调"环境保护"所指的环境，是人类赖以生存的环境，是作用于人类并影响人类未来生存和发展的外界的一个实施体。总而言之，良好的环境质量是人类长期赖以生存的基础。

然而，伴随经济社会迅猛发展，一系列严重的环境问题随之而来。如全球变暖、臭氧层破坏、土地荒漠化、酸雨、淡水资源危机、有毒化学品污染、能源短缺、森林资源锐减、物种加速灭绝、垃圾成灾等，一度成为社会关注的焦点。提升环境治理、改善环境质量成为全人类共同的呼声。从古到今，环境问题始终是困扰黄河流域

广大人民群众的重大问题，黄河流域地势西高东低，处于我国北方干旱和半干旱地区，全球气候变暖，冰川融化，冻土下移，地下水位下降等造成水源涵养功能下降。中上游绝大部分是黄土高原，土地表层大部分被干旱和半干旱环境下的风成黄土覆盖。黄土的固结程度、抗风侵蚀能力和保水保肥能力较差，从而加快了生态环境的退化，“水少沙多”“水沙异源”，泥沙淤积，下游形成了“槽高、滩低、堤根洼”的“二级悬河”，河道特殊、河床复杂，治理难度大，单靠某一省份或某几个省(区)的力量，很难产生明显的治理效果。因此，要采取如下措施。

一要增强全流域生态环保意识，深入打好污染防治攻坚战。普及黄河流域生态环境保护的法律法规，强化公民的环保责任意识，在强化公民环保责任意识的过程中，注意对黄河流域资源枯竭、环境破坏产生的不良影响进行宣传，使节约资源、保护环境的意识深入人心，因地制宜地优化黄河流域生态责任承担机制和公民参与机制，鼓励公民参与到流域生态立法过程中，促进流域生态立法的进一步完善。强化对各级领导干部的生态环境保护教育，塑造正确的生态价值观，践行黄河生态消费原则，将培养公民生态保护意识作为政府生态政策顺利执行的内生动力。加强流域综合执法力度，提高跨流域跨省(区)执法工作的联动性和规范性，以实际整治效果取信于民，推动执法工作公开、高效，保证执法工作的公平、公正，推动黄河流域九省(区)生态环保建设工作的联动发展。

二要持续开展黄河流域污染防治行动，强化多污染物协同控制和区域协同治理。黄河流域污染防治关系到九省(区)4.2 亿人民群众的生活环境，流域各省(区)必须拧成一股绳，建立协同机制。具体包含以下内容：推进城镇污水管网全覆盖，消除城市黑臭水体，优化区域水生态环境；倾斜资金投入，完善黄河流域相关配套基础设施建设，建立系统的水污染防治管理体系，升级创新监测技术，合理预防水环境风险、处理水污染问题；采取有效的预防和治理措施，为流域各省(区)居民的生活提供重要保障，确保人们在利用水资源的过程中不会对水生态环境造成影响；推进化肥农药减量化和土壤污染治理，加强白色污染治理，加强危险废物、医疗废物收集处理；因地制宜，做好对土壤污染防治法的细化、补充，处理好避免照抄照搬或重复上位法与维护法制统一、重要条款沿用上位法表述之间的关系；完善对土壤污染防治的监督管理措施，处理好以最严格制度、最严密法治保护生态环境与优化营商环境、培育激发市场主体活力之间的关系；坚持预防为主，确立土壤污染防治工作中的绿色发展理念，将生态文明思想扎根贯穿于土壤污染防治实践工作中，平衡好预防为主、安全利用与治理修复之间的关系；全面实行排污许可制，推进排污权、用能权、用水权、碳排放权市场化交易；完善环境保护、节能减排约束性指标管理，加强细颗粒物和臭氧协同控制，各省(区)合力消除重污染天气，打造黄河流域上、中、下游蓝天白云一体化新标志，完善中央生态环境保护督察制度，积极参与和引领应对气候变化等生态环保国际合作。

二、坚持系统观念，提升流域生态系统质量和稳定性

唯物辩证法认为，事物是普遍联系的，事物及事物各要素相互影响、相互制约，整个世界是相互联系的整体，也是相互作用的系统。坚持唯物辩证法，要求我们客观地而不是主观地、发展地而不是静止地、全面地而不是片面地、系统地而不是零散地、普遍联系地而不是孤立地观察事物，从客观事物的内在联系中去把握事物、认识问题、解决问题。

习近平总书记指出："党的十八大以来，党中央坚持系统谋划、

统筹推进党和国家各项事业，根据新的实践需要，形成一系列新布局和新方略，带领全党全国各族人民取得了历史性成就。在这个过程中，系统观念是具有基础性的思想和工作方法。”[①]进入新发展阶段，人民群众对生态产品的需求由“有”逐渐转变为“好”，展现出当前生态产品与广大人民群众现实需求之间的深层次矛盾。党的十九届五中全会明确指出，新发展阶段要实现高质量发展必须坚持系统观念，打造生态治理实践范式路径，提升生态系统质量，保持生态发展的稳定性。在习近平生态文明思想的指引下，国家出台或修订了《森林法》《资源税法》《土壤污染防治法》等法律法规，经过系统治理，生态系统质量和稳定性大幅度提升。

然而必须清醒地认识到，黄河流域生态治理与经济发展之间矛盾叠加、优质生态环境欠缺与生态治理基础不坚固等问题突出，复杂性、艰巨性巨大，需要流域各省（区）持续不断地做好系统性生态治理。

一是坚持山水林田湖草系统治理，构建以国家公园为主体的黄河流域自然保护地体系。党的十九大提出了“统筹山水林田湖草系统治理”，是首次从国家战略层面作出的重大部署，具有重要的历史意义、理论意义、实践意义。统筹山水林田湖草系统治理是生态学原理、系统工程原理、环境科学原理、人与生命共同体理论在实践中的具体应用，必须遵循全面性、综合性、系统性原则，坚持实施流域生物多样性保护重大工程，强化流域各段河湖长制，加强干流、支流和重要湖泊湿地生态保护治理；坚持科学推进黄河流域水土流失综合治理，开展大规模国土绿化行动，建立黄河流域水土流失管委会，各省份协调指挥联动工作；坚持有效保障草原森林河

① 中共中央党史和文献研究院.十九大以来重要文献选编(中)[M].北京：中央文献出版社，2021：785.

流湖泊休养生息，加强土地保护，健全耕地休耕轮作制度；加强全球气候变暖对黄河流域影响的监测，完善自然保护地、生态保护红线监管制度，开展黄河流域生态系统保护成效监测评估。

二是探索生态价值实现和补偿机制，全面提高资源利用效率。生态产品价值核算是开展生态产品价值和实现探索工作的重要前提和基础。通常情况下，生态产品可通过市场化路径进入社会和经济系统，完成市场交易进而实现其生态价值。只有不断探索生态价值实现和补偿机制，健全自然资源资产产权制度和法律法规，加强自然资源调查评价监测和确权登记，完善资源价格形成机制，建立生态产品价值实现机制，完善市场化、多元化生态补偿，推进资源总量管理、科学配置、全面节约、循环利用，才能真正实现生态产品的生态价值，鼓励、引导和推动人们主动参与到生态产品的生产和转换中来，提高矿产资源、海洋资源、水资源等开发保护水平。

三是坚持人与自然是生命共同体的理念，实现人与自然的和谐共生。生态系统中每一个要素都是不可或缺的，任何一个要素的缺位都会导致生态系统的逐渐脆弱化，从而逐渐破坏原有的生态系统。历史和现实充分表明人对自然的开发和利用是受限制的，当超过环境承载力时可能不会立刻产生不良影响，但最终必定会受到自然规律的惩罚。要争取认识自然规律对人类活动的支配作用，在资源环境承载力的限度内利用自然、改造自然、顺应自然，给自然以充分的休养生息，最终造福人与自然。

第二节　促进产业绿色转型

产业是指由利益相互联系的、具有不同分工的、由各个相关行业所组成的业态总称，是社会分工和生产力不断发展的产物。尽管它们的经营方式、经营形态、企业模式和流通环节有所不同，但是，它们的经营对象和经营范围是围绕着共同产品而展开的，并且可以在其构成业态的各个行业内部完成各自的循环。

绿色产业是指积极采用清洁生产技术，采用无害或低害的新工艺、新技术，大力降低原材料和能源消耗，实现少投入、高产出、低污染，尽可能地把对环境污染物的排放消除在生产过程之中的产业。绿色产业的兴起不是偶然的，它有着深刻的时代背景和主客观原因，2019 年 3 月，国家发展改革委等七部门联合印发了《绿色产业指导目录(2019 年版)》，确定了节能环保、清洁生产、清洁能源、生态环境、基础设施绿色升级、绿色服务等六大产业，并且作出了详细的解释说明。其作为各地区、各部门明确绿色产业发展重点、制定绿色产业政策、引导社会资本投入的主要依据，也为黄河流域产业绿色转型提供了重要参考和依据。

一、多措并举推进黄河流域产业绿色转型

鼓励沿黄企业通过产能置换、指标交易、股权合作等方式兼并重组，引导产业转型转产、环保搬迁和梯度转移，实现实体经济、科技创新、现代金融、人力资源协同发展。大力发展智能制造、个性化定制、柔性生产、云制造等新模式，改造提升传统动能，使科技创新在实体经济发展中的贡献份额不断提高，以高端化、智能化、绿色化为重点，滚动实施“万项技改”“万企转型”，推动产业基础再造，促进全产业链整体跃升。逐步淘汰落后动能，加严环保、质量、技术、能耗、安全等标准，依法依规倒逼落后产能加速退出，严控新增过剩产能。瞄准产业链终端、价值链高端，推动机械、轻工、化工、冶金、纺织、建材等优势产业从加工制造向研发设计、品牌营销等环节延伸，构筑顺应时代发展的现代产业体系。加快推进绿色

制造，梳理黄河流域循环经济产业链，大力发展再制造业，加快培育壮大新动能，以“雁阵形”产业集群为依托，带动各区域发展培育新一代信息技术、高端装备、新能源新材料、新能源汽车、节能环保、生物医药等产业，培育一批各具特色、优势互补、结构合理的战略性新兴产业增长引擎。加快布局生命科学、量子信息、空天信息、柔性电子等关键性“卡脖子”产业，同时积极培育平台经济、共享经济、体验经济、创意经济，助力黄河流域生态保护和高质量发展。

二、依托数字技术推动流域产业转型发展

当前数字融合创新发展，前沿技术更新迭代，数字中国建设已全面开启。《中国数字经济发展白皮书(2022 年)》指出，我国数字经济增加值规模由 2005 年的 2.6 万亿元增加至 2021 年的 45.5 万亿元，占 GDP 比重由 14.2%提升至 39.8%，数字经济年均增速高达 15.9%，显著高于同期 GDP 的平均增速，数字经济成为我国国民经济高质量发展的新动能和新引擎。广东、江苏、山东、浙江、上海、北京、福建、湖北、四川、河南、河北、湖南、安徽、重庆、江西、辽宁等 16 省(市、区)数字经济增加值超过 1 万亿元。从占比看，北京、上海、天津等省市数字经济 GDP 占比超过 50%，浙江、福建、广东、江苏、山东、重庆、湖北等省(市、区)的数字经济占比超过全国平均水平。

各省公开发布的数字经济发展报告显示，山东省数字经济规模超过 3.5 万亿元，四川、河南数字经济规模均为 1.6 万亿元左右，陕西数字经济总量达到 7200 亿元。从整个黄河流域来看，九省(区)只有山东数字经济规模相对靠前，因此应充分发挥山东的龙头带动作用，推动黄河流域数字产业化，加快集成电路、光电子、高

端软件等基础领域创新突破，以先进计算、新型智能终端、超高清视频、信创等具有较强竞争力的数字产业集群为引领，推动产业数字化转型，深化互联网、大数据、人工智能同各产业融合，推动“现代优势产业集群＋人工智能”，支持企业“上云用数赋智”。突出数字服务、智慧农业等领域，加快创新生产方式、产业形态和商业模式，打造全流域全行业全链条数字化应用场景。建设黄河流域工业互联网发展示范区，提升标杆工业互联网平台国际影响力，推动骨干网、城市网、园区网、企业网全面升级，打造一批工业互联网产业园区，构建举世闻名的黄河流域工业互联网新名片。

三、聚焦优势领域，培育黄河流域优良产业生态

推动社会进步的产业发展需要消耗自然资源，资源消耗的过程就会产生对生态环境的破坏。但产业发展与生态环境之间存在相互依靠、相互作用的关系，因此可以借助发展战略、提高科技水平等手段实现双方的协调发展，促进产业得到进一步发展。产业生态化强调产业发展要尊重生态规律，模拟生态环境的自我净化的闭环模式，且要求经济的发展有益于环境的保护，能够更好地促进生态的良性循环。

工业化的早期粗放式发展导致资源枯竭、环境退化，反生态特征越来越明显，自然界自我净化循环的生态演进过程启发人类形成产业代谢理论，进而衍生为产业生态学。

坚持“3R 原则”（减量化、再利用和再循环）是实现产业生态化的普遍共识。一是注重培育黄河流域领航型企业，带动上、中、下游一大批配套企业，打造先进制造业基地，形成千亿元级、5000 亿元级、万亿元级黄河流域产业集群。二是优化区域重点产业链布局，推进黄河流域产业基础高级化、产业链现代化，绘制主要产业

生态图谱，强化项目招引、自主延链、吸引配套，形成自主可控、安全高效的产业链供应链生态。三是锻造产业链供应链长板，聚焦流域优势、省（区）优势领域，建链补链延链强链，打造具有战略性和全局性的产业链。四是补齐产业链供应链短板，发展先进适用技术，推动流域产业链供应链多元化，促进企业内涵式发展，提升核心竞争力、产品附加值、安全生产水平，构建良好的产业生态环境。

第三节 加快能源结构调整

能源结构指能源总生产量或总消费量中各类一次能源、二次能源的构成及其比例关系。能源结构是能源系统工程研究的重要内容，它直接影响国民经济各部门的最终用能方式，并反映人民的生活水平。能源结构分为生产结构和消费结构。2014 年年底，国务院颁布的《能源发展战略行动计划（2014～2020）》指出，我国优化能源结构的路径是：降低煤炭消费比重，提高天然气消费比重，大力发展风电、太阳能、地热能等可再生能源，安全发展核电。到 2020 年，非化石能源占一次能源消费比重达到 15%；天然气比重达到 10% 以上；煤炭消费比重控制在 62%以内；石油比重为剩下的 13%。

能源结构调整是中国能源发展面临的重要任务之一，也是保证中国能源安全的重要组成部分。调整中国能源结构就是要减少对石化能源资源的需求与消费，降低对国际石油的依赖，降低煤电的比重，大力发展新能源和可再生能源，把水电开发放到重要地位。黄河流域能源结构整体偏重，气候相对干旱，具有发展新能源产业发展的自然优势，坚持“保障流域能源安全、推动能源结构变革”导向，着眼于流域新能源产业发展实际，加快做大光伏发电、风电和生物质发电产业规模，积极探索储能、氢能和燃料电池、醇基燃料等新业态新模式，为流域发展提供优质、清洁、高效、绿色、经济的能源产品和服务，努力成为保障能源安全的主力军和环境保护的主力舰。

一、践行双碳理念，坚持推进数字化改革

习近平总书记在第七十六届联合国大会一般性辩论上阐明，完善全球环境治理，积极应对气候变化，构建人与自然生命共同体。加快绿色低碳转型，实现绿色复苏发展。中国将力争 2030 年前实现碳达峰、2060 年前实现碳中和，这需要付出艰苦努力，但我们会全力以赴。2021 年 3 月，习近平总书记在中央财经委员会第九次会议上强调，实现碳达峰、碳中和是一场广泛而深刻的经济社会系统性变革，要把碳达峰、碳中和纳入生态文明建设整体布局。如期实现“双碳”目标，要求我们必须以人民为中心，完整准确全面理解和贯彻新发展理念，坚持创新、协调、绿色、开放、共享发展。流域各省区必须以“净零”为核心指引方向，全面创新“碳达峰”执行路径，启动零碳创新和数字化改革攻坚行动，通过数字化应用变革、核心技术创新与应用示范，提供面向全社会智慧能源服务、零碳综合管理服务，履行可持续发展的社会责任。

二、加快产业整合，做大风电光伏发电规模

产业整合是指为了谋求长远的竞争优势，按产业发展规律，以企业为整合对象，跨空间、地域、行业和所有制重新配置生产要素销售整个体系的调整和构筑新的资本组织，从而形成以大企业和企业集团为核心的优势主导产业和相应产业结构的过程，一般包括横向整合、纵向整合和混合整合。产业的横向整合是指产业链

条中某一环节上多个企业的合并重组；产业纵向整合是指处在产业链中，上、中、下游环节的企业合并与重组，包括前纵向整合和后纵向整合。黄河流域产业门类多、覆盖范围广。在光伏发电方面，应该围绕盐碱滩涂地、采煤塌陷区、“西电东输”电源端等重点区域，着力打造“风光储”和“光储充”上、中、下游一体化产业。以送端配套煤电项目为基础，沿线布局光伏发电项目，协同煤电、风电共同发展，全面推进“风光火储一体化基地”建设。集合流域内农业、渔业等产业特色，打造“光伏＋”综合利用模式，稳妥有序地推进全流域整县制分布式光伏项目。在风电产业方面，坚持集中规模化开发与分散式开发并举，充分发挥中上游资源优势，推进流域各省（区）项目自建和并购双轮驱动，加大项目资源获取和建设力度，积极探索风电与其他能源融合发展。整合山东海上风电项目、甘肃青海等地陆上风电项目，建立上、中、下游风能资源储能基地，推动“火光风储”全流域一体化发展。在生物质发电方面，关注流域农作物秸秆和林木资源丰富地区的项目资源，积极探索热、电、蒸汽等多种运营模式，确保原材料供应能力和经济性。

三、优化战略规划，培育发展新业态新模式

所谓战略规划，就是制定组织的长期目标并将其付诸实施，它是一个正式的过程和仪式。习近平总书记强调，黄河流域是我国重要的生态屏障和重要的经济地带，是打赢脱贫攻坚战的重要区域，在我国经济社会发展和生态安全方面具有十分重要的地位。保护黄河是事关中华民族伟大复兴和永续发展的千秋大计。黄河流域生态保护和高质量发展，同京津冀协同发展、长江经济带发展、粤港澳大湾区建设、“长三角”一体化发展一样，是重大国家战略。2021 年中共中央、国务院印发的《黄河流域生态保护和高质量

发展规划纲要》为当前和今后一个时期黄河流域生态保护和高质量发展主要任务作了整体布局，为制定实施相关规划方案、政策措施和建设相关工程项目提供了重要依据。培育发展新业态新模式是时代赋予黄河流域各省（区）的历史使命，应坚持以新能源研发创新中心为基础，重点向氢气下游利用领域延伸产业链，从生产、储运到综合利用，贯通氢能产业链条。结合黄河流域光伏发电和风电等新能源布局，探索发展余电制氢产业。加强终端市场开发，重点建设“氢-油气-电-醇”综合能源补给站和“光-氢-储-充电桩”智能微网系统。加快推动流域储能产业发展，探索电费“峰谷差”“光储充”等多种经营模式，全面提升储能产业经济性。持续探索储能电池技术研发，布局储能电池生产环节，打造黄河流域高端自主储能系统集成产业。探索黄河流域多种地热开发利用模式，利用矿区内丰富的地热资源对城市集中供热管网覆盖不到的城郊和农村社区进行地热清洁能源供暖，解决冬季供暖难题，促进矿区新旧动能转换。

四、推动产业升级，提升能源服务保障能力

对传统产业进行升级改造，必须采取适合新技术、新经济内在要求的具体方式，适应高新技术的发展潮流，遵循新经济的发展规律，包括对传统产业进行信息化改造、对传统产业进行技术创新、对传统产业进行组织结构创新、对传统产业进行体制创新。黄河流域能源服务产业升级是当前阶段面临的紧要任务，应不断强化新能源产业协同发展，打造稳定的电力输出和“热电冷”联供以及“光风储”“光风氢”“光氢储充”等产业一体化和产业循环发展模式。注重区域协同，打造“火光风储”发展模式，优化“外电入鲁”能源结构。发挥售电资质和内部电网优势，搭建数字化碳资产管理

平台和碳排放交易平台，打造新的效益增长极。探索建立多种商业应用模式，充分发挥风电、光伏发电、氢能、储能、燃料电池等协同优势，开发绿色低碳综合能源系统，为不同能源需求场景提供综合能源系统解决方案。抓住氢能产业发展政策，加快向产业链终端延伸，打造氢、油、气、电、醇等综合能源补给站，建设热、电、冷等综合能源供应系统。推动能源智慧发展，发挥大数据、信息化等方面的优势，开展综合能源供应的科技创新和系统集成，实现电力、热力等在供应、销售和使用之间的智能互联，打造智慧型综合能源系统。

第六章　以实现黄河长治久安为安全保障

2021年10月，习近平总书记在深入推动黄河流域生态保护和高质量发展座谈会上再次强调，要站在中华民族永续发展的战略高度，衔接好推动黄河流域生态保护和高质量发展的重大问题和“十四五”时期的目标任务、重点工作，新一代中国共产党人要坚定扛起黄河保护治理的政治责任。黄河保护治理关乎中华民族伟大复兴，然而黄河历来善淤、善决、善徙，历史上曾三年两决口、百年一改道，水少沙多、水沙不协调、洪涝灾害频繁，下游泥沙淤积、河道摆动、“地上悬河”等老问题尚未彻底解决。这些问题给黄河流域长治久安带来很大的威胁，因此要进一步强化底线思维，加快步伐筑牢黄河流域生态安全屏障，坚决保障黄河长治久安。

为保障黄河长久安澜，必须紧紧抓住水沙关系调节这个“牛鼻子”，立足防大汛、抗大灾，统筹好发展和安全两件大事，完善水沙调控体系，补足防灾基础设施短板，加快黄河流域治理工程建设，同时建立科学的灾害预警体系。构建完善水沙调控机制，更好发挥骨干水库联合调度蓄水拦沙、调水调沙的效能，确保河床不抬高。通过重大工程建设，黄河上中游统筹加强干流堤防综合治理、病险水库除险加固、淤地坝整治、中小河流治理等防洪薄弱环节建设，黄河下游推进标准化的堤防巩固和河道综合整治，提升工程强度和韧性，确保堤防不决口，因地制宜地开展重大工程建设，逐步完善黄河流域防洪工程体系。围绕提升预报、预警、预演、预案能力的目标，加强流域水文站网系统建设，提高水雨情预报精度，延长洪水预报期，建立实体黄河及其影响区域的数字化映射，加快建成数字孪生黄河，实现原型黄河、数字黄河、模型黄河深度联动，为科学防御洪水提供更加有力的支撑，保障黄河长治久安。

基于此，本章将从完善水沙调控机制、推进重大工程建设、加快完善预警机制三个角度，探讨实现黄河长治久安的安全保障路径。

第一节　完善水沙调控机制

几千年来黄河流域治理史中水沙调控是重要的组成部分，完善水沙调控体系是应对黄河水少沙多、水沙关系不协调的关键措施，构建完善的水沙调控机制是实现黄河长治久安的根本保障。黄河来水来沙量是黄河水沙调控的最基础条件，掌握黄河的水沙历史演变历程，有利于黄河治理方略和水沙调控策略的制定。

一、黄河水沙演变历程

近百年的观测数据显示，黄河干流主要断面天然年径流量无显著的趋势性变化，但受人类活动影响，主要断面的实测年径流量和实测年输沙量呈减少趋势。根据黄河干流主要断面的水沙序列突变点的记录，黄河年来水量、年输沙量序列还存在显著突变点。在上游头道拐断面天然年径流量突变分别发生在 1933 年、1990 年和 2005 年，实测输沙量则在 1933 年、1986 年和 2005 年；在中游花园口断面天然年径流量突变发生在 1933 年、1990 年和 2004 年，实测年输沙量则在 1933 年、1980 年和 1997 年。根据黄河上游头道拐断面天然年径流量、实测年径流量和实测年输沙量过程及不同阶段统计特征值的对比可知，1919～1959 年，头道拐断面多年平均天然径流量为 3.187×10^{10} 立方米、多年平均实测径流量为 2.505×10^{10} 立方米、多年平均实测输沙量为 1.42×10^{8} 吨(上游基准值)。与上游基准值相比，1960～1989 年，头道拐断面多年平均天然径流量增加了 13.1%、实测径流量减少了 1.1%、实测输沙量减少了 7.4%；1990～2004 年，头道拐断面多年平均天然径流量减少了 14.6%、实测径流量减少了 41.8%、实测输沙量减少了 74.8%；2005～2020 年，头道拐断面多年平均天然径流量增加了 7.2%、实测径流量减少了 17.5%、实测输沙量减少了 56.9%。根据黄河中游代表断面天然年径流量、实测年径流量和实测年输沙量过程及不同阶段的统计特征值显示，1919～1959 年，黄河中游代表断面(天然年径流量为花园口断面、实测年径流和年输沙量为潼关断面)多年平均天然径流量为 5.433×10^{10} 立方米、多年平均实测径流量为 4.258×10^{10} 立方米、多年平均实测输沙量为 1.6×10^{9} 吨(中游基准值)。与中游的基准值相比，1960～1989 年，黄河中游代表断面多年平均天然年径流量增加了 11.2%、实测径流量减少了 8.1%、实测输沙量减少了 26.7%；1991～2004 年，黄河中游代表断面多年平均天然径流量减少了 21%、实测径流量减少了 45.4%、实测输沙量减少了 59%；2005～2020 年，黄河中游代表断面多年平均天然径流量减少了 5.6%、实测径流量减少了 35.4%，多年平均实测输沙量减少了88%。[①] 以上近百年的黄河水沙演变特征显示,1949年后到20世纪80年代末水多沙少的原因是受益于中华人民共和国成立后大规模的黄土高原水土流失治理,显著减少了进入黄河的泥沙;90年代初至21世纪初呈现了"少水少沙"的特征,主要原因是1986年黄河上游龙羊峡水库下闸蓄水并与刘家峡水库的联合运用,显著改变了宁蒙河段水沙过程,导致宁蒙河段淤积萎缩;中游潼关断面输沙量锐减的主要原因是,20世纪80年代开始的黄土高原小流域综合治理和治沟骨干工程等水土保持措施,显著减少了黄土高原土壤侵蚀和泥沙输移;进入21世纪以来,随着生态环境保护强度增加和生态修复工程的实施,黄河流域大力推进退耕还林还草、淤地坝系工程和坡改梯等水土保持措施,使进入黄河的泥沙量显著减少,到2020年黄河再次呈现出"多水少沙"的特征。

二、黄河流域水沙调控机制现状

(一)黄河上游调控机制

黄河上游中黄河河口镇以上的流域面积为38万平方千米,占全流域面积的51%(不含内流区),年水量占全流域水量的65.0%,而年沙量仅占9.0%,是黄河水量的重要来源区。上游水沙调控的目标是联合调节黄河水量和南水北调西线工程入黄水量,以丰补枯,增加枯水年特别是连续枯水年的水资源供给能力,提高梯级电站发电效益,协调水沙关系,解决防洪、防凌问题,并实时为中游调控提供动力。现状工程条件下,龙羊峡与刘家峡水库联合调度,对黄河上游来水和南水北调西线入黄水量进行多年调节,水库汛期拦蓄部分水量和沙量,将水量调节到非汛期下泄,蓄

① 胡春宏,张双虎,张晓明.新形势下黄河水沙调控策略研究[J].中国工程科学,2022,24(1):122-130.

存丰水年和丰水期水量，补充枯水年和枯水期水量，同时在调节径流的过程中，削减了进入下游河道的洪峰与洪量，导致汛期进入宁蒙河段的来水比例由“龙刘联合”运用前的60%左右降至联合运用后的40%左右，使内蒙古河道淤积形成新悬河，中游河槽急剧淤积萎缩，防凌防洪形势十分严峻。而黑山峡水库运用后，对上游梯级电站下泄水量进行反调节，结合防凌调度将非汛期富余的水量调节到汛期，消除龙羊峡与刘家峡水库汛期大量蓄水运用对宁蒙河段造成的不利影响，协调宁蒙河段水沙关系，遏制宁蒙河段新悬河发展态势，恢复并维持中水河槽规模。①

（二）黄河中游调控机制

黄河下游的洪水泥沙威胁是中华民族的心腹之患，黄河治理的重点任务就是保障下游防洪安全。进入下游的洪水及泥沙主要来自黄河中游的河口镇到三门峡之间，其年水量占全河水量的35.6%，而年沙量却占89.5%。中游的调控目标包括，一是联合管理黄河洪水，在黄河发生特大洪水时，合理削减洪峰流量，保障黄河下游防洪安全；二是联合拦沙和调水调沙，泄放有利于河道冲刷和输沙的大流量水流过程，减少河道主槽淤积，恢复维持中水河槽的行洪输沙能力，同时上级水库提供水流动力冲刷下级水库淤积的泥沙，上级水库排沙时下级水库进行二次调控；三是联合调节径流，保障黄河下游防凌安全，发挥供水和发电等效益。

现状主要以小浪底水库为主进行调水调沙运用，中游的万家寨、三门峡水库以及支流水库适时配合，减轻下游河道淤积，逐步扩大下游河道主槽的过流能力。据统计，黄河历次调水调沙期间，水库泄放接近平滩流量的大流量过程，下游河道共冲刷泥沙 4.3

① 张金良，陈翠霞，罗秋实，钱裕.黄河水沙调控体系运行机制与效果研究[J].泥沙研究，2022，47(1)：1-8.

亿吨,河道最小过洪能力由 2002 年汛前的每秒 180 立方米恢复到 2020 年的每秒 5000 立方米,其中高村到艾山和艾山到利津河段分别冲刷 1.62 亿吨和 1.11 亿吨,调水调沙期间两河道冲刷量与所需水量的比值是该河段非调水调沙期的 3.1 倍和 1.9 倍。在古贤、碛口、东庄水库运用后,黄河中游形成了完善的洪水泥沙调控体系。正常运行期,在保持防洪库容的前提下,利用槽库容联合调控水沙,长期发挥调水调沙作用,采用“泄大拦小、适时排沙”运行方式,即泄放有利于渭河下游河道冲刷的大流量过程,拦蓄容易造成渭河下游河道淤积的高含沙小洪水,并根据来水情况适时排沙冲刷恢复水库库容的运用方式,减轻渭河下游河道淤积,配合干流调水调沙。

(三)上游和中游联合运用机制

黄河水沙异源的自然特点决定了上游水沙调控子体系必须与中游水沙调控子体系进行有机的联合运用,构成完整的水沙调控体系。在协调黄河水沙关系方面,上游水沙调控子体系需要根据黄河水资源配置的要求,合理安排汛期下泄水量和流量过程,为中游水沙调控子体系联合调水调沙提供水流动力条件;当中游水库需要降低水位冲刷排沙、恢复库容时,上游水沙调控子体系进行大流量下泄,形成适合河道输沙的水沙过程;中游水沙调控子体系通过对上游水沙调控子体系下泄的水沙过程、河道冲淤调整出来的泥沙及区间来水来沙过程进行再调节,形成有利于下游河道输沙的水沙过程,以减轻水库及下游河道淤积;中游和上游水沙调控子体系联合调控运用,可为小北干流放淤创造有利条件。[①]

---

① 王煜,安催花,李海荣,万占伟.黄河水沙调控体系规划关键问题研究[J].人民黄河,2013,35(10):23-25+32.

三、完善水沙调控机制建议

(一)推进重大工程建设,完善水沙调控工程体系

古贤水利枢纽工程位于黄河“几”字弯北干流下段,控制了全河60%泥沙和80%粗泥沙,是黄河北干流洪水、泥沙控制的关键性工程,与小浪底水库联合调水调沙具有天然的地理优势,在黄河水沙调控体系中具有承上启下的战略地位。建设古贤水库可在60年内减少黄河下游河道淤积71.82亿吨,相当于现状工程条件下河道34年的淤积量,使黄河下游中水河槽过流能力在50年内维持在每秒4000立方米水平,对维持黄河下游中水河槽过流能力具有显著作用,确保黄河下游生态屏障安全;可对黄河上游水沙进行有效调控,为中游以小浪底水库为核心的调水调沙提供水流动力条件,起到承上启下作用,使黄河水沙调控体系的作用得到充分的发挥;可有效降低潼关高程,降低三门峡水库滩库容淤积,降低渭河下游洪水威胁;可从根本上改善晋陕两省供水灌溉条件,对巩固两岸脱贫攻坚成果具有重要意义;可解决晋陕西省电网大容量调峰电源的迫切需求。古贤水库能够大大增强小浪底水库调水调沙后续动力,投入运用时机越早,对下游河道减淤作用也越大,从充分发挥水沙调控体系联合运行作用和黄河治理开发迫切需求出发,古贤水利枢纽应争取在小浪底水库拦沙完成前建成生效。黑山峡水利枢纽工程位于黄河上游“几”字弯甘肃与宁夏交界处,既是黄河水沙调控的关键节点工程,也是国家水网南水北调西线的骨干调蓄工程,在黄河治理开发中占据重要地位。建设黑山峡水库,通过反调节增加汛期水量并集中大流量下泄,协调水沙关系,减轻宁蒙河段河道淤积、遏制新悬河发育并恢复和维持适宜的中水河槽规模。利用水库距离宁蒙河段近、出库水温高的优势,减少

宁蒙河段的凌汛河段，实现石嘴山以上河段基本不封冻，减少槽蓄水增量，可及时灵活地调度处置宁蒙河段不利凌情。同时，建设黑山峡水库能够向附近地区提供稳定可靠的水源，改善附近地区的供水条件，保障附近地区引水安全，改善城乡人民生活用水水质，为附近地区生态文明建设创造良好条件，改善人居环境。龙羊峡、刘家峡、黑山峡水库为主的上游水量调控子体系可为中游洪水泥沙调控子体系提供水流动力条件。[①]

(二)健全水沙调控机制，充分挖掘调控工程潜力

1.优化调度，增强现状工程水沙调控能力

现状工程条件下，利用龙羊峡、刘家峡等水库拦洪削峰，在保证防洪安全的前提下，尽量多拦蓄洪水，维持水库高水位运行，发挥“龙头”水库跨时空调节作用；中游小浪底水库承上启下，降低水位运行，留出足够防洪库容，确保防洪安全，降低洪水漫滩概率，兼顾水库河道冲淤，塑造稳定的中水河槽。2018～2020 年汛期，黄河实际调度实现洪水最大削峰率达到 60%左右，控制青、甘、宁、蒙河段和黄河下游不得超过河道安全行洪流量，确保了河道行洪安全。小浪底水库共排沙 13.49 亿吨，累计净冲刷量 2.61 亿吨，花园口以下河段累计冲刷 0.89 亿立方米，下游过洪能力提高至每秒 5000 立方米，打开了下游防洪调度空间，为完善水沙调控体系赢得了时间。同时利用调度形成的大流量洪水过程，完成了黄河下游河段和内蒙古河段生态补水调度，有效改善河道、河口、湖泊湿地生态环境。[②]

① 张金良，陈翠霞，罗秋实，钱裕.黄河水沙调控体系运行机制与效果研究[J].泥沙研究，2022，47(1)：1-8.

② 张金良，刘继祥.黄河水沙调控体系与机制建设研究[J].中国水利，2021(18)：11-13＋17.

2.释放和增加现有工程调蓄能力

针对陆浑、故县、三门峡库区移民影响水库调度的实际，应研究按原设计方案移民搬迁，论证实现原设计开发规模对增强防洪能力的必要性和效果，研究提高三门峡水库分期运用水位增强调水调沙后续动力的可能性。研究黄河上游龙羊峡、刘家峡等骨干水库大坝加高扩容增强水沙调控能力的可行性。

3.优化待建工程水沙调控运用方式

统筹防洪、防凌、发电、灌溉、拦沙、减淤、生态环境等多目标调度功能，研究上游龙羊峡、刘家峡、黑山峡等水库联合，研究中游三门峡、小浪底、古贤等水库联合不同的运用模式和对接指标，制定上游水量调控子体系、中游洪水泥沙调控子体系以及上中游子体系联合运用方式。上游水沙调控需合理安排汛期、非汛期下泄水量和过程，在恢复和维持宁蒙河段中水河槽规模、保障生态环境需求的同时，为中游调控联合调水调沙提供水流动力条件。中游子体系对上游的来水来沙过程进行再调节，上级水库为下级水库提供水流动力条件，减少水库淤积，延长水库使用年限。中游子体系联合调控，协调进入下游的水沙关系，减少下游河道的淤积，维持河道、河口湿地生态安全。

4.完善流域水沙调控管理体制机制

按照流域管理与区域管理相结合的原则，建立健全事权明晰、运作规范、权威高效的流域水沙调控管理体制，制定黄河调水调沙调度规程，统筹防洪减淤、城乡供水、生态保护、灌溉用水、水力发电等多目标，实施黄河干支流控制性水库工程统一调度和水沙调控智慧平台建设，完善省（区）界断面水量、水质责任监督机制，健全突发水事件预警和应急管理机制。[①]

第二节　推进重大工程建设

一、黄河流域重大工程建设历程

治理黄河，兴修水利，历史悠久。中国最早的灌溉工程，首推黄河流域的滮池（在今陕西省咸阳西南），《诗经》中有“滮池北流，浸彼稻田”的记载。治理黄河流域的水患历史已有几千年之久，自远古以来，中华儿女为防治黄河水害和开发黄河水利进行了长期的、艰苦卓绝的斗争，并取得了辉煌的业绩和丰富的经验。

（一）古代治水传说

4000 多年前的原始社会末期，黄河流域的民族部落已进入以农业为主的综合经济阶段。当时，人们一般都居住在河流阶地上，特别是在河流交汇处。临水而居，有利于生产和生活，但也经常受到洪水的危害，为了保护生命和财产的安全，人们创造了原始的防洪工程。在我国古代传说中，共工和鲧都曾治过水，而又以大禹治水最为著名。共工所居住的土地，大约是在今河南辉县一带，地处孟津以下的开阔河段，极易受到洪水危害。共工当时治水的方法是“壅防百川，堕高堙庳”，即“削平高丘，填塞洼地”。鲧治水沿用共工的老办法，但治水多年没有成功，鲧为舜所杀，随后舜又任用鲧的儿子禹治水。禹吸取了鲧失败的教训，探索出新的治水方法，其治水方法可称为“高高下下，疏川导滞”，就是疏通主干河道，导引漫溢出河床的洪水入海。禹用这种方法，平治了水患，被古代人

① 张金良，刘继祥.黄河水沙调控体系与机制建设研究[J].中国水利，2021(18)：11-13＋17.

民称颂，禹成为远古时代治河英雄的代表。[①]

(二)历朝历代治理工程

周朝后期的春秋时代，黄河开始构筑堤防，而有连贯的堤防始于战国。到了战国初期，黄河流域开始出现大型引水灌溉工程。公元前422年，西门豹为邺令，在当时黄河的支流漳河上修筑了引漳十二渠，灌溉农田。公元前246年，秦在陕西省兴建了郑国渠，引泾河水灌溉4万多顷"泽卤之地"。在汉代时期，黄河决堤次数明显增多，尤其是在西汉中后期和东汉早期，主要是由当时主河道的发育与治理不当造成的。黄河素以含沙量大而著称，在未筑堤时，洪水泛滥，泥沙散布于两岸。自春秋开始筑堤，黄河被约束于两岸大堤中，泥沙沉积在河道中，逐渐将下游河道抬高，经过300多年的堆积，到西汉时成为地上河。汉武帝元光三年和元封二年经过两次治理，发卒数万人，并亲临决口处，经过士卒的英勇奋战，决口终于被堵住了。由于王莽篡汉期间，黄河改口从今山东利津入海，泛滥几十年，故东汉王朝时期王景和王吴首先系统修筑了黄河大堤，固定了改道后的新河道，又整治了汴渠渠道，新建了汴渠水门，使"河汴分流"，收到防洪、航运和稳定河道的效益。直到北宋，近千年来无重大改道。北宋时，黄河的灾害大大超过前代，决、溢、徙频繁，由于北宋都城开封地处黄河下游，水患与统治者的利害关系密切，朝廷对治黄相当重视，河工技术也有很大发展，是我国治黄的重要发展时期。北宋庆历年间，在黄河堵口工程中，出了一位普通河工出身的水利专家，名叫高超。宋代著名的科学家沈括在《梦溪笔谈》卷十一"官政"中记载了"高超三埽合龙门法"，描述了高超的治水方式和成就。金代至元初，黄河下游没有一条长

① 李仲均，李卫.我国古代的治黄水利工程[J].文史知识，1987(7)：44-48.

期固定的河道，到元至正四年，黄河在白茅口（今山东曹县境内）决口，六月又北决金堤，泛滥达七年之久，危害甚大。元顺帝特命贾鲁为都水监，贾鲁提出治河二策：一是修筑北堤，以制横溃；二是疏塞并举，挽河东行，使复故道。主要采样“疏、浚、塞”三者并举的方法，首先疏浚了黄河正流河道，然后修复堤防，最后是下埽堵塞决口，挽河回故道，形成一条固定的黄河河道，史称“贾鲁河”。

元、明、清三代，北京成为全国的政治中心。为了南粮北运，元代开凿了由山东连接黄、卫的济州河和会通河，初步打通了南北大运河。明代再加修整，基本完成。明代出了很多治黄专家，其中最著名的是潘季驯。潘季驯曾四次担任总理河道的职务，在治河的理论和实践方面都有重要的贡献，著有《两河经略》《河防一览》等。他提出了“筑堤束水，以水攻沙”的理论，即根据河流底蚀的原理，在黄河下游两岸修筑坚固的堤防，不让河水分流，使水量集中，流速加快，把泥沙送入海里，减少泥沙沉积。清代基本维持明末的河道，清代治黄专家陈潢继承和发展了潘季驯的理论。陈潢在治黄理论和技术上作出了突出的贡献，著有《河防述言》和以靳辅名义编著的《治河方略》。他主张把“分流”和“合流”结合起来，其具体方法是，采用洪水来临时在河道窄浅的险要地段增建减水坝，或开挖引河，把多余的水量分配出去，然后在下游河道宽阔、流速较慢的地方引归正河，以保证充足的水量冲沙。此外，他还发明了“测水法”，就是“以测土方之法，移而测水”。该方法相当于现在的测量流量流速的方法，在水利工程学上有重大实践意义。同时陈潢提出在黄河以及淮河上、中、下游进行全面规划、治理的设想，是我国古代治河理论的重大进步。[①]

---

① 陈蕴真，江恩慧，李军华.治黄系统工程的形成、演化和未来[J].人民黄河，2022，44(2)：58-64＋70.

(三)中华人民共和国治黄工程

1949年中华人民共和国成立后,中国共产党领导人民治理黄河,治黄史册展开了新的篇章。党和国家领导人都非常关心治黄事业。1952年10月,毛泽东主席第一次离京外出视察黄河时,作出了很多重要指示,并谆谆嘱咐:“要把黄河的事情办好。”周恩来总理更是直接领导治黄工作,从1949年前的“反蒋治黄”斗争,到编制“黄河综合利用规划”和三门峡工程建设,以及1958年大洪水的抗洪斗争等,所有治黄工作的重大决策,几乎都是周总理亲自主持作出的。为搞好黄河的治理与开发,1950年1月25日,中央人民政府决定黄河水利委员会为流域性机构,直属中华人民共和国水利部领导,统一领导和管理黄河的治理与开发。1954年10月底,黄河规划委员会编制“黄河综合利用规划”,经过中共中央政治局和国务院审议通过,决定提交全国人民代表大会审查批准。1955年7月30日,第一届全国人民代表大会第二次会议通过了《关于根治黄河水害和开发黄河水利的综合规划的决议》,批准了规划的原则和基本内容,并责成有关部门按时完成治理开发的第一期工程。在治黄进程中,根据经济和社会发展的要求,对黄河治理开发规划和建设安排做了一些重大的调整。1984年,经国务院批准,国家计委下达了《关于黄河治理开发规划修订任务书》,要求对黄河规划进行一次系统的修订,进一步推进黄河的治理与开发。1996年年初完成了《黄河治理开发规划纲要》的编制工作,并于1997年经国家计委和水利部审查上报国务院。

目前黄河干流已建、在建(包括龙羊峡、刘家峡、三门峡和小浪底4座骨干水库)的干流梯级水库共有29座,总库容为577.5亿立方米,在防洪(防凌)、减淤、供水、灌溉、发电等方面发挥了巨大的综合效益。黄河流域重要水利枢纽建设情况如表6-1所示。

表 6-1 黄河流域已建水利工程

序号	工程名称	位置	流域位置	建造时间	主要功能
1	陆浑水库	河南省洛阳市嵩县	黄河二级支流伊河上	1959.12	防洪、灌溉发电和供水
2	故县水库	河南省洛阳市洛宁县	黄河支流洛河	1958.10	以防洪为主，兼有灌溉、发电、供水等
3	西霞院反调节水库	河南省洛阳市	黄河干流上	2007.6	以反调节为主，结合发电，兼顾灌溉、供水等综合利用
4	小浪底水利枢纽	河南省洛阳市	黄河干流上	1991.9	防洪、防凌、减淤为主，兼顾供水、灌溉和发电
5	三门峡水利枢纽	河南省三门峡市	黄河中游下段干流上	1957.4	防洪、防凌、灌溉、发电、供水
6	天桥水电站	山西省保德县	黄河干流上	1970.4	发电（系河床径流式电站）
7	黄河龙口水利枢纽	山西省和内蒙古自治区交界地带	黄河北干流托克托至龙口河段的尾部	2006.6	调峰发电，对万家寨电站进行反调节，确保黄河龙口至天桥区间不断流
8	万家寨水利枢纽位	山西省和内蒙古自治区交界地带	黄河北干流上段托克托至龙口峡谷河段内	1994.12	供水结合发电调峰，并兼顾防洪和防凌
9	三盛公水利枢纽	内蒙古自治区巴彦淖尔市磴口县	黄河干流上	1959.6	以灌溉为主

续表

序号	工程名称	位置	流域位置	建造时间	主要功能
10	青铜峡水利枢纽	宁夏回族自治区青铜峡市	黄河上游青铜峡峡谷出口处	1958.8	以灌溉、发电为主，结合防凌、防洪、城市供水
11	黄河沙坡头水利枢纽	宁夏回族自治区中卫市	黄河干流上	2000.12	灌溉和发电
12	乌金峡水电站	甘肃省白银市	黄河干流乌金峡出口段	2003.12	以发电为主，兼有灌溉、旅游等综合效益
13	大峡水电站	甘肃省兰州市	黄河干流大峡出口段	1991.10	以发电为主结合灌溉
14	黄河小峡水电站	甘肃省兰州市	黄河干流上小峡峡谷出口	1997.3	发电，兼有灌溉、旅游等效益
15	八盘峡水电站	甘肃省兰州市	黄河干流上	1969.11	发电，兼有城市供水和灌溉
16	盐锅峡水电站	甘肃省永靖县	黄河干流盐锅峡峡谷出口	1958.9	发电为主，兼顾灌
17	刘家峡水电站	甘肃省临夏回族自治州		1970	发电为主，兼有防洪、灌溉、防凌、供水和养殖
18	寺沟峡水电站	甘肃省永靖县与积石山县交界处	黄河干流寺沟峡上	2004.11	发电
19	积石峡水电站	青海省循化县	黄河干流石峡出口	2005	发电
20	黄丰水电站	青海省循化县	黄河干流上	2011.7	发电

续表

序号	工程名称	位置	流域位置	建造时间	主要功能
21	苏只水电站	青海省循化县与化隆县交界处	黄河干流上	2004.11	发电为主,兼顾下游灌溉、供水等综合利用要求
22	公伯峡水电站	青海省循化县与化隆县交界处	黄河干流上	2000.12	以发电为主,兼有防洪、灌溉、供水等综合效益
23	康扬水电站	青海省尖扎县与化隆县交界处	黄河干流上	2003.7	发电
24	直岗拉卡水电站	青海省尖扎县与化隆县交界处	黄河干流上	1998.3	河滩式电站,兼有灌溉效益的中型水利枢纽工程
25	李家峡水电站	青海省尖扎县与化隆县交界处	黄河干流李家峡峡谷	1988.4	发电为主,兼顾灌溉
26	尼那水电站	青海省贵德县	黄河干流上	1996	日调节的中型河床式电站,兼有防洪、调解黄河水量的作用
27	拉西瓦水电站	青海省贵德县及贵南县交界处	黄河干流上	2004	发电
28	龙羊峡水电站	青海省海南藏族自治州共和县和贵南县交界处	黄河干流龙羊峡峡谷	1978.7	以发电为主,兼顾防洪和灌溉等
29	班多水电站	青海省兴海县与同德县交界处	黄河干流班多峡谷	2010.1	发电

注:以上数据来源于水利部黄河水利委员会官网(http://www.yrcc.gov.cn/)。

二、黄河流域重大工程建设规划

黄河水沙调控工程体系包括上游调控子体系和中游调控子体系。其中，龙羊峡、刘家峡、黑山峡水库构成黄河上游调控子体系的主体，以调节水量为主，联合对黄河水量进行多年调节和水资源优化调度，并满足上游河段防凌、防洪、减淤要求。碛口、古贤、三门峡和小浪底水库构成黄河洪水泥沙调控子体系的主体，管理黄河中游洪水，拦沙和调水调沙，协调黄河水沙关系，并进一步优化调度水资源。然而，由于缺乏统筹意识和系统思维，中小流域防洪工程建设普遍滞后，标准偏低。在当今气候变化背景下，一旦遭遇极端暴雨天气，极易发生洪涝灾害。实现黄河流域高质量发展，需要以流域系统思想为引领，构建中小流域防洪体系新格局。目前，待建骨干工程中，东庄水利枢纽已经开工建设，预计 2025 年投入运用。古贤水利枢纽可行性研究已通过审查，规划 2030 年开工建设。黑山峡与碛口正在开展前期论证工作。

除了重大水利工程外，黄河流域各省区根据自身特色制定了不同的重大工程建设规划。

（一）青海省

青海是“三江之源”“中华水塔”和国家重要的生态安全屏障，境内黄河干流长度 1694 千米，占黄河总长的 31%，多年平均出境水量达 264.3 亿立方米，占全流域径流量的 49.4%，既是源头区，也是干流区。建立重大工程、重大项目推进机制，围绕生态修复、污染防治、水土保持、节水降耗、防洪减灾、产业结构调整、防沙治沙等领域，创新融资方式，积极做好用地、环评等前期工作，做到储备一批、开工一批、建设一批、竣工一批，发挥重大工程对黄河青海流域生态保护和高质量发展的关键支撑作用。加快推进湟水北干渠灌溉二期、引大济湟西干渠、马什格羊灌区、扎毛水库灌区等水利工程建设。建设纳子峡灌区、积石峡灌区二期、夕昌、杨家等中小型水库及配套工程，建成蓄、引、提、调结合，大、中、小、微并举的农田灌溉网络和城乡供水网络。

（二）四川省

四川黄河段干流长 174 千米，流域面积 1.87 万平方千米，在黄河流域生态保护和高质量发展中具有重要战略地位。四川省将实施最严格的国土空间规划管控和用途管制，全面推行冰川、冻土、森林、河流、湖泊、湿地休养生息制度，严格实行黄河禁渔，保护好上游独特自然风貌和生物物种，按照草畜平衡原则有序实施草原禁牧、休牧、轮牧，切实减少人为活动的影响和破坏。严厉打击各种乱砍滥伐、毁林垦草、违法占用等行为，统筹推进城乡生活污染和面源污染系统治理，持续开展“清河、护岸、净水、保水”四项行动，坚决筑牢水安全防线。加强自然保护地统一规范管理，扎实推进若尔盖国家公园建设，加快建立完善自然保护地体系。《四川省黄河流域“十四五”生态环境保护规划》中提出清水绿岸工程，包括水资源调度工程、城镇水污染防治工程、工业污染深度治理工程、农村水环境治理工程、饮用水水源保护工程和推进美丽河湖工程等多项重大专项工程，以提升水源涵养能力，补齐基础设施短板，通过开展天然湿地保护与修复、环湖库防护林带、生态隔离带、生态景观林带等工程实现黄河流域清水绿岸目标。

（三）甘肃省

甘肃地处黄土高原、青藏高原和内蒙古高原三大高原交汇处，是黄河、长江上游的重要水源涵养区，在保障国家生态安全中具有举足轻重的地位。纵贯河西走廊的祁连山是黑河、石羊河和疏勒河三大内陆河的发源地，同时阻挡了腾格里、巴丹吉林、库姆塔格三大沙漠的汇合和南侵，千百年来维系着沙漠绿洲的生态平衡。甘肃沿黄流域总面积14.59万平方千米，占全省面积的34.3%，多年平均自产地表水资源量125.2亿立方米，超过黄河流域总水量的1/5，其中甘南水源涵养区年均向黄河补水64.4亿立方米。《甘肃省黄河流域生态保护和高质量发展规划》提出，要建立重大工程、重大项目推进机制，以祁连山保护、甘南黄河上游水源涵养区和陇中陇东黄土高原水土治理为重点，围绕水源涵养提升、水土流失治理、污染防治、兰西城市群发展、黄河文化遗产保护、高质量发展等方面，创新融资方式，积极做好用地、环评等前期工作，谋划一批、开工一批、建设一批，发挥重大项目在黄河流域生态保护和高质量发展中的关键作用。

（四）宁夏回族自治区

宁夏是全国唯一全境属于黄河流域的省份。未来，宁夏将以“黄河大保护”为主线，统筹抓好山水林田湖草沙系统治理。围绕“黄河健康”，实施综合净水节水工程，确保黄河干流宁夏出境断面水质始终保持在Ⅱ类。深入实施贺兰山、六盘山、罗山“三山修复”工程，开展“四尘”同治、“五水”共治、“六废”联治，深入打好污染防治攻坚战和全域治理整体战，有序地推进黄河干流堤防巩固提升，加强险工险段治理，加快清水河、苦水河等中小河流治理和山洪灾害防治等薄弱环节建设。依法禁止在黄河河道管理范围线内新增一般耕地和乱建建筑物，禁种妨碍行洪安全的高秆作物，确保河道行洪畅通。规范黄河河道沿岸采砂采土秩序，依法惩治非法采砂等行为。强化城市防洪排涝体系建设，加大防灾减灾设施建设力度，严格保护城市生态空间、泄洪通道，构建自净自渗、蓄泄得当、排用结合的城市良性水循环系统。系统地推进小流域综合治理，加大黄土高原水土流失治理力度，减少入黄河泥沙量。加强病险淤地坝除险加固、农村河道水系综合整治，实施坡耕地整治、老旧梯田改造，建设以梯田和淤地坝为主的拦泥减沙体系。开展退化林草植被修复，建设黄河上游风沙区宁夏修复站，探索生态保护修复共建机制。实施腾格里沙漠锁边防风固沙工程、毛乌素沙地林草植被质量精准提升工程，强化沙漠沙地边缘生态屏障建设。

(五)内蒙古自治区

黄河自宁蒙交界处都思兔河口入境，从准格尔旗马栅乡出境，流经内蒙古 843.5 千米。内蒙古区域内黄河干支流流经阿拉善盟、乌海市、鄂尔多斯市、巴彦淖尔市、包头市、呼和浩特市、乌兰察布市等 7 个盟市相关县级行政区，涉及面积约 31 万平方千米。《内蒙古自治区黄河流域生态保护和高质量发展规划》提出，要建立重大工程、重大项目推进机制，依托重大项目库进行项目储备和动态管理，做好用地、环评等项目前期工作，多渠道筹措资金支持项目建设。重点围绕黄河生态环境保护治理事业，发挥造林种草、防沙治沙、基础设施、污染治理等重大工程的带动作用，在规划实施过程中涉及的重大事项、重要政策、重点项目按规定程序报批。健全统计指标体系，加强黄河流域相关指标数据统计监测、数据发布与解读分析。

(六)山西省

山西地处黄河中游，黄河自忻州市偏关县老牛湾入境，至运城市垣曲县碾盘沟出境，流经忻州、吕梁、临汾、运城 4 市 19 县(市、区)，全长 965 千米，占黄河全长近 1/5。汾河是黄河第二大支流，涉及国土面积 11.46 万平方千米。黄河流经山西省黄土高原区域，水土保持工程是重点内容之一，需加强黄土高原塬面保护，在吕梁山黄土高原沟壑区，以保护塬面为核心任务，统筹安排塬面、塬坡、侵蚀沟综合治理，配置塬面径流集蓄利用与排导工程，建成与当地经济社会相适应的“固沟保塬”综合治理体系；重点实施晋西太德塬固沟保塬项目；在运城沿黄区域，采取修建水平梯田、坝滩地，营造水保林、经济林，实施封禁等措施，有效地减少入黄泥沙。同时需要推进小流域综合治理，开展以小流域为单元的山水林草田路综合治理，合理配置工程、林草、耕作等措施，形成综合防治体系，提升区域水土保持功能，加快生态清洁型小流域建设，重点支持吕梁水土流失综合治理示范区和水土保持生态文明示范区建设。有序地推进还林、还草、还湿、还滩，营造河岸护岸林、侵蚀沟水保林、塬地生态经济林，加强生态保护修复。立足沿黄土壤侵蚀区水土资源特性，完善水土流失防治技术体系，加强水土保持科研保障。

（七）陕西省

陕西地处黄河中游，黄河干流在陕境内全长719千米，涉及西安市（含西咸新区）、宝鸡市、咸阳市、铜川市、渭南市、延安市、榆林市、杨凌示范区、韩城市全境及商洛市洛南县、商州区、丹凤县，共82个县（市、区），国土面积约14.3万平方千米，是全国重要的先进制造业基地、国防科技工业基地、农业高技术产业基地、能源化工基地和科教文化基地，是陕西省生态保护和经济社会发展的核心区域。《陕西省黄河流域生态保护和高质量发展规划》提出，要结合黄河流域综合规划和防洪规划，实施小北干流河道治理工程，有效地遏制黄河西摆，减少崩塌河岸及护岸工程险情，减轻灾害损失。抓好渭河下游防洪减淤，提高南山支流防洪标准。加快推进东庄水利枢纽、龙安水库、蒋家窑则水库、雷河咀水库等骨干水利项目建设，实施渭河、泾河、延河、无定河、北洛河、窟野河、秃尾河等河道提升治理工程，联防联控暴雨等引发的突发性洪水，推进山洪沟综合治理，确保重点支流防洪安全。强化与邻省的防凌联合调度，确保防凌安全。实施病险水库除险加固，消除安全隐患。按照“一城一策”的原则，结合“韧性城市”理念，加快城市骨干排涝河道、重点调蓄湖库及滞涝区治理，建设城市内涝监测预报预警平台，提高城市和县城防洪排涝水平。统筹开展小流域蓄排工程建设，实现分散、立体、多层次、多功能的分流蓄滞，有效地解决“不下雨就干旱，一下雨就水灾”的问题。

（八）河南省

河南是千年治黄的主战场、沿黄经济的集聚区、黄河文化的孕育地和黄河流域生态屏障的支撑带，在黄河流域生态保护和高质量发展全局中具有重要地位。《河南省人民代表大会常务委员会关于促进黄河流域生态保护和高质量发展的决定》中提出，河南省要在黄河中游全面加强林草植被建设、水土流失综合治理和矿山生态环境修复，持续巩固退耕还林还草成果，恢复提升区域水土保持、水源涵养等功能。在黄河下游开展生态综合整治，分区分类推进农田、水域和湿地保护修复，提升生态系统稳定性和多样性。加强豫北黄河海河、豫东黄淮冲积平原区综合治理，加快平原防风固沙林建设等，构建平原生态绿网。在流域内构建以黄河干流为主轴，连通南北供水区，科学调配本地水、引黄水、外来水，实现旱引涝排、丰枯互补、内连外通、调洪防灾的现代水网体系。推进小水网工程建设与黄河流域水网骨干工程衔接。实施南水北调中线调蓄工程、引江济淮（河南段）及配套工程、周商永运河修复治理工程等区域水系连通配套工程，推动黄河与长江、海河、淮河流域水网互联互通。

（九）山东省

山东省内黄河段长 628 千米，占黄河总长度的 11.5%，从东明县入境，流经 9 市 25 县，在东营市垦利区注入渤海。山东是黄河流域唯一河海交汇区，是下游生态保护和防洪减灾的主战场，在动能转换、对外开放、文化传承等领域独具优势，生态保护和高质量发展潜力巨大。《山东省黄河流域生态保护和高质量发展规划》实施黄河下游防洪工程，对高村以上游荡型河道重点河段进行综合整治，开展险工、控导改建加固及新续建工程建设，维持中水河槽稳定，提高主槽排洪输沙能力，对高村以下重点河段堤河进行改造，确保堤防不决口。开展河口综合治理，实施河口防洪治理提升工程，提高堤防建设标准，稳定现行黄河入海流路，加强刁口河备用流路管理和研究。严格限制自发修建生产堤等无序活动，深化滩区安全建设。实施引黄涵闸病险水闸除险加固工程，消除水闸险情及安全隐患，保障黄河下游防洪安全。同时，重点实施生态保护和修改工程，包括实施泰沂山区生态保护修复工程、大汶河—东平湖生态区保护修复工程、小清河生态区保护修复工程、南四湖生态保护修复治理工程和大运河生态保护修复治理工程。

第三节　加快完善预警机制

水沙调控是黄河治理的“牛鼻子”，预警机制则是黄河灾害防控的关键途径，包括对黄河流域环境监测、灾害应急、区域协同等体制机制的建设。党的十八大以来，黄河流域的治理保护工作取得了显著的成绩，全流域生态环境质量有了明显的改善，水沙治理成效显著。尽管黄河流域生态环境质量总体呈现出改善的趋势，但黄河流域的灾害、生态环境问题仍较为突出，黄河流域预警机制亟须进一步加强完善。

一、加快推进调查监测体系构建

调查监测是掌握黄河流域生态保护现状和发现问题的重要手段，流域范围调查监测运用物联网、无人机、大数据、云计算等现代信息技术，融合地理信息系统、全球定位系统和遥感监测等技术，结合实地调查，开展沿黄流域的珍稀濒危野生动植物资源本底调查，准确掌握野生动植物空间分布及种群数量变化，重点关注调查迁徙类野生动物的活动范围和规律以及入侵动植物情况，编制野生动植物名录，建立野生动植物数据库和种质资源库。建立水资源监测预警机制，对水资源超载区取水许可实行限审限批，加强水土流失监测、水文站网和监测预警能力建设，强化对流域内的水文、气象、地质、雨情、旱情等状况的动态监测和科学分析，提升传统资源监测能力，优化布局生态监测网络，建立统一调查监测体系。完善野生动植物保护和监测网络，建立统一协调的监测、评价和预警系统，实现对野生动植物的实时远程监测，减少人为活动对野生动植物的干扰。同时，依托科研院所，行业主管部门加强与其在航空遥感、网络通信等方面的合作，建立生态系统遥感监测、生态系统评估与生态安全预警系统，构建“天空地一体化”流域监测预警网络体系。[①] 以完善的调查监测预警体系为基础，明确管控要求，提升全流域的生态安全保障能力。

二、提升流域灾害防控预警能力

灾害防控是黄河流域历来面临的重要难题之一，提升防汛抗旱预警能力是增强灾害防控预警能力的关键之举。一是要提升干

① 任保平，付雅梅.黄河流域生态保护和高质量发展统计监测预警体系的构建[J].山东社会科学，2021(09)：131-137.

支流堤防防洪能力，配合做好黄河流域防洪规划修订工作，建设综合性防洪减灾体系；统筹黄河干支流防洪体系建设，完善黄河干流堤防建设，减轻淘岸、崩岸险情，增强防洪抗险能力，确保堤防不决口；加强黄河干支流堤防工程达标建设，实施工程监测预警机制。二是增强防洪抗旱减灾应急处置能力，综合运用物联网、卫星遥感、无人机、大数据、云计算等现代信息技术，加强黄河水文、水质、气象、地灾、雨情、凌情、旱情等状况的动态监测、科学分析和信息预报；强化安全运行监管，推进流域防汛抗旱联动，加强防洪减灾、排水防涝等公共设施建设，增强沿黄各城市抵御灾害能力；强化基层防灾减灾体系和能力建设，提升抢险救灾队伍、物资和装备统筹保障能力。三是完善应急响应体系，提升极端天气和自然灾害预测预报预警能力，完善灾害预警信息发布系统，健全应急救援体系，加强应急方案预案、预警发布、抢险救援、工程科技、物资储备、灾后重建等综合能力建设，完善极端天气气候事件应急响应机制及措施。四是加强宣传教育，增强社会公众对自然灾害的防范意识，鼓励军民协同开展常态化、实战化协同动员演练。

三、加快构建毗邻省区协同保护机制

黄河流域涉及九个省（区），要实现全流域保护预警机制，必须打通行政壁垒，构建跨省（区）协同联动预警机制。一是针对黄河流域灾害防控预警，必须加强黄河流域沿线省区防灾减灾救灾合作交流，建设黄河干支流应急响应与防灾减灾联合调度平台，强化跨区域、跨行业协同作战，建立信息共享与定期会商机制、防汛抗旱与水资源管理协调机制、干支流重要水利工程统一管理协商机制，形成流域防灾减灾合作协调联动机制。二是搭建综合数字平台，依托各省、区级政务云平台，整合主要监测预警系统、旱情监测

预警系统、土壤墒情自动监测系统、山洪灾害监测预警体系等资源，实现数据资源跨区域共享，通过数字平台，进一步明确各省（区）沿黄区域管理范围，强化水域、岸线空间管控与保护机制，严格规范沿黄区域水沙利用等活动，实现黄河流域自然资源的可持续开发利用。三是探索推进黄河流域干支流跨省（区）横向生态补偿机制，加强跨省（区）突发污染事件联防联控，探索建立环保信用评价、信息强制性披露等制度，完善环评会商、联合执法、预警应急等区域联动机制。

第七章　水资源节约集约利用为关键要素

黄河孕育了璀璨的华夏文明，至今仍是我国重要的生态屏障和经济地带。古往今来，水资源短缺一直是黄河流域最为突出的矛盾和亟须解决的重大困难。解决水资源短期问题的关键要素是水资源的节约集约利用，坚持以水定城、以水定地、以水定人、以水定产的“四水四定”原则，优化水资源配置利用，推动建设全社会节水型城市。坚持量水而行、节水为重，需全面实施深度节水控水行动，把水资源作为最大的刚性约束，强化水资源总量红线约束，全面实施黄河流域深度节水控水行动，推进全社会节水行动，建设节水型社会。坚持以水定城、以水定地、以水定人、以水定产（以下简称“四水四定”），加强需水侧管理，深化用水制度改革，将生态用水纳入流域水资源统一配置和管理，构建全域水文监测智能化网络体系，积极配合流域机构做好水量调度工作，确保有限的黄河水资源发挥最大效益。优化水资源调配体系和机制，以大力发展节水产业和技术为中心，从城市用水、农业用水、工业用水等领域，用市场手段推动用水方式由粗放低效向节约集约转变，切实维护黄河流域生态安全。

本章将从推进全社会节水行为、坚持“四水四定”、优化水资源配置利用三个方面，探讨水资源节约集约利用是黄河流域生态保护和高质量发展的关键要素。

第一节 全社会节水行为

一、强化水资源刚性约束

黄河流域最突出的矛盾是水资源严重短缺，必须把水资源作为最大的刚性约束，实施最严格的水资源保护利用制度，推进城市向全社会节水型转变，强化水资源刚性约束，严格实施水资源消耗总量和强度双控制度，深入落实最严格水资源管理制度。

（一）科学制定各级用水指标

健全省、市、县三级行政区用水总量、用水效率控制指标体系和用水强度控制指标体系，在探索开展水资源承载能力评估与地区分类的基础上，有序地推进区域流域水量分配，将系统性节水贯穿于城市规划、建设、管理各环节，重点保障城市群、经济区和能源基地等合理用水需求。按照可分配水量不得高于“三条红线”的要求，细化省、市、县三级区域和各水资源分区，探索开展水权收储转让自营业务、水权融资业务，建立闲置取用水指标认定和退出机制，盘活水权资产。同时，深入推进农业水价综合改革，实施灌区水量（水权）分配，完善取用水计量监控体系。

（二）监督水资源开发利用强度

严控水资源开发利用强度，强化水资源承载能力在区域发展、产业布局等方面的刚性约束。在地下水超采区，构建地下水超采治理监管体系，制定地下水水位、水量双控指标，同时暂停水资源超载地区新增取水许可，并限制水资源严重短缺地区城市发展规模和高耗水项目建设等工程。

（三）完善节水标准体系

完善节水标准体系，修订省级农业、工业、服务业以及非常规水利用等各领域节水标准，坚决抑制不合理用水需求，坚决遏制“造湖大跃进”，建立排查整治各类人造水面景观长效机制，严把引黄调蓄项目准入关。

二、强化生产生活节水

黄河流域涉及人口3.24亿，占全国人口总量的23.31%，历来是我国人口最密集和生产生活最活跃的地区之一，同时黄河流域范围内农业生产是最广泛、最普遍的生产方式之一，工业也是黄河流域的重要经济支柱，然而庞大的人口数量和大规模的农业、工业生产对水资源需求非常大。因此，要推进全社会向节水型城市转变，必须将推进城镇生活节水、促进农业节水增效和工业节水提能作为重点内容。

（一）全面推进节水型城市建设

为推进全社会节水行为的建设，必须将节水理念落实到城市规划、建设、管理等各个环节中，以优水优用、循环循序利用为重点，督促工业、环卫、绿化等领域优先使用再生水，同时优化完善城镇供水体系，提升供水管网改造工程。在生活上，大力推广绿色建筑，在公共区域和城镇居民家庭推广普及节水型用水器具，新建、改建、扩建工程必须安装节水型器具。

（二）促进农业节水增效

农业生产需水量极大，但是粗放式的经营活动显然已不能满足当前生产需求。首先，要扩大节水灌溉规模，以大中型灌区为重点，推进灌溉体系现代化改造，实施引黄灌区农业节水工程，打造高效节水灌溉示范区，同时要选育推广耐旱农作物新品种，提高低耗水、高耐旱作物种植比例，并完善引黄灌区骨干灌排工程及田间节水工程体系，建设计量监测与管理信息系统，配套计量基础设施，推进农业灌溉定额内优惠水价、超定额累进加价制度，探索建立农业用水精准补贴和节水奖励机制。

（三）提升工业节水效率

工业生产的用水效率必须提升，首先，要严格高耗水行业用水定额管理，对超过取水定额标准的企业实施分类分步限期节水改造，并适时提高工业用水超定额水价，倒逼高耗水项目和产业有序退出；同时，鼓励各企业推广节水技术、设备和工艺，加快节水及水循环利用设施建设，促进企业分质用水、一水多用和循环利用，全面提升工业用水重复利用率，实现工业节水提能目标。

（四）加大生态保护力度

以黄河流域范围内的国家公园、重要水源涵养区、珍稀物种栖息地以及各类自然保护地等为重点区域，实施生态保护和生态修复重大工程，逐步恢复和强化重点区域生态功能；同时，清理整治过度的小水电开发以及不合理工程项目，并将节水作为约束性指标纳入当地党政领导班子和领导干部政绩考核范围，确保沿黄城市节水行为顺利推进。

三、推进水权改革

尽管黄河具有较大的水量，但是黄河流域整体仍是水资源紧缺的地区，人均水资源量只有 408 立方米/年，仅是全国平均值的 1/5，更是远低于国际公认的极度缺水标准人均 500 立方米/年。同时，水资源时空分布严重不均，水权交易是解决水资源紧缺和分布不均的重要方式之一。全面开展节水型城市建设，需有力的制度作为保障。全社会集约节约用水的推广，必须全面深化水权改革，构建统一的水权交易市场，科学确定分配水量，加强监督管理，完善相关配套制度，避免交易争端，确保农业、工业、生活、生态环境补水等各方面节水行动顺利推进。[①]

(一)构建统一的水权交易市场

各省率先在沿黄的市、县(区)开展水资源使用权确权，明确行政区域取用水权益，依法对水资源使用权进行确权登记，开展流域内、地区间、行业间、用水户间等多种形式的水权交易，探索建立用水权交易激励和投融资机制，创新“合同节水＋水权交易”等模式，强化水权交易监管，建立政府收储调控机制和水权市场运行机制，通过水权交易解决新增用水需求。通过市场化方式，实现涉水事务的业务整合、资产整合、人才整合，形成防洪、灌溉、城乡供水、排水、污水处理与回用、生态保护修复等全产业链，全面推进水务产业一体化。以提高水务产业节约化水平为目标，因地制宜地推进城市供排一体化纵向整合，鼓励不同区域市场主体有序竞合。以提高水务服务质量为目标，按照“统筹规划、多方投入、规模经营、梯次推进、建管并重、多元监督”的原则，以城市辐射农村、水源带动周边的方式，以点带面推进城乡水务一体化建设。

(二)建立健全水权交易机制

建立健全反映供水成本、有利于节水的分行业水价形成机制，建立分行业一级、二级市场水权出让价格形成机制，鼓励社会资本直接参与节水改造工程建设及运行养护，制定水权交易细则，确保水权交易规范合法，避免产生交易争端。在农业生产活动中，稳步

① 伏绍宏，张义佼.对我国水权交易机制的思考[J].社会科学研究，2017(05)：96-102.

推进农业水价综合改革，分级分类实行差别化水价，推进农业灌溉定额内优惠水价、超定额累进加价制度，建立农业用水精准补贴和节水奖励机制。坚持先建机制、后建工程，发挥典型引领作用，促进农业节水和农田水利工程良性运行。

（三）进一步完善水权交易相关的配套制度

为确保水权交易体系的构建和水权交易的顺利开展，需进一步完善收储转让制度、交易监管制度等与水权交易相关的配套制度，加强水资源监测、用水计量与统计、预警预报系统、水资源信息化管理。建立节水统计调查和基层用水统计管理制度，形成归属清晰、权责明确、监管有效、流转顺畅的水权交易制度体系，并规范交易平台的建设和运营。

第二节 坚持“四水四定”

2014 年 3 月，习近平总书记就保障国家水安全发表重要讲话，首次提出要“以水定城、以水定地、以水定人、以水定产”。2019 年 9 月和 2021 年 10 月，习近平总书记在郑州、济南两次召开黄河流域生态保护和高质量发展座谈会，强调要全方位贯彻“四水四定”原则，“有多少汤，泡多少馍”，精打细算用好水资源，让水资源用在最该用的地方。“四水四定”是对黄河流域生态环境保护和高质量发展战略的综合判断，是要把水资源作为刚性约束条件，建立城镇边界、用地结构、人口规模、产业转型等经济社会要素与水资源环境之间的约束关系。“以水定城”强调的是水生态环境保护空间需求，既要通过推进生态环境分区管控，衔接国土空间规划，合理确定流域城镇发展规模，控制城镇及城市群边界无序扩张，同时又要加强对城市水资源、水环境和水生态问题的综合治理，实现“人—

城—水”和谐共生;“以水定地”核心是把握水资源环境与土地资源之间的平衡,将水资源量、水环境容量作为确定耕地类型、建设用地承载规模、土地规划用途的关键因素,引导土地利用方式和布局优化;“以水定人”强调的是人口发展和水资源的关系,结合可供给水资源量确定可承载的人口规模,依据水资源环境承载压力空间差异优化人口分布格局,实现人口有序转移;“以水定产”强调区域产业类型和规模要适应水生态保护红线、水环境质量底线、水资源利用上线的硬约束,构建与水资源承载能力相适应的现代产业体系,推进水资源高效集约利用。①

一、加快推进生态管控分区

黄河流域水资源供需矛盾尖锐,要坚持根据需水量设定利用水量,把水资源作为最大的刚性约束,依据水资源环境承载能力,合理确定人口、产业布局和城市规模。组织开展黄河流域水资源、水环境承载能力评价,加大对重大生产力布局的统筹力度。强化城镇开发边界管控,科学引导人口流动,实现中心城市和城市群集约高效发展,杜绝“摊大饼”式盲目扩张,限制水资源超载区新建各类开发区和发展高耗水服务行业,坚决遏制“造湖大跃进”,严禁脱离实际建设人工湖等人造水景观。在沿黄区域科学确定农业等生产活动的灌溉规模,推进农牧业生产向水资源优势地区集中,引导适水种植、量水生产,合理调整种植结构,压减高耗水作物面积,同时分类制定不同行业用水定额与水污染物排放总量要求,促进产业发展与水资源环境承载能力相结合,倒逼需水企业走上高质量发展的绿色之路。加快“三线一单”落地应用,建立健全生态环境

① 陈岩,赵琰鑫,赵越,徐敏.黄河流域“四水四定”推动高质量发展的实现路径[J].环境保护,2022,50(14):32-35.

分区的精细化管理，用“线”管住空间布局，用“单”规范发展行为，压实各级政府多个部门的权责归属。

二、统筹水资源配置与产业发展

以供给侧改革为契机，统筹沿黄城市水资源配额与产业发展，坚持以水定产的原则下，以水资源配给量倒逼产业升级和技术革新。以改变传统农业生产方式、完善旱作农业基础设施、普及蓄水保水技术等为重点，统筹农业发展与生态保护、水土流失与生态环境治理。积极开展种植方式、种植技术、种植结构和种植品种优化调整，综合施策全面节水。推进实施陇中黄土高原丘陵沟壑区草牧业生态循环经济试验示范区建设。示范推广全膜双垄沟播为主的地膜覆盖技术，完善废旧地膜回收再利用机制。支持有条件的地区配套建设水肥一体化、集雨水窖、蓄水池、集雨槽等设施，推广集雨补灌水肥一体化为主的旱作节水技术，积极发展温室大棚为主的高附加值设施节水农业。加快中低产田和老旧梯田提质改造，实施水平沟、丰产沟、铺压砂田等田间保水工程，提高旱作农业生产水平。加大坡耕地整治力度，减少水土流失。推广以耐旱品种和抗旱新材料相结合的抗旱技术，重点推广以测土配方施肥为主的培肥地力技术，积极开展土壤有机培肥改良，坚持用地养地结合，合理轮作倒茬。支持舍饲半舍饲养殖，合理开展人工种草。延长和优化煤炭、石油、矿产资源开发产业链，加快钢铁、石化、化工、有色、建材等传统优势产业的清洁生产改造升级，推动产业升级与技术革新，创建一批绿色工厂、绿色工业园区。推进重点工业节水改造，火电、石化、冶金、有色等行业水效达到国内先进水平。加强工业废水资源化利用，引导企业间实现串联用水、分质用水、一水多用和循环利用，提高矿井水资源化综合利用水平。加快工业园区主导产业与上下游相关产业和配套产业的融合与集聚发展，通过建立产业联盟、产业集群，开展飞地经济合作等方式，打造一批绿色供应链、循环经济产业链。支持优势企业在传统业务的基础上进军新材料、新能源、高端装备、绿色食品等新兴产业，加快布局大数据、云计算、工业互联网，推动既有产业与新一代信息技术深度融合，实现产业节水、减污、增效。

第三节　优化水源配置利用

黄河流域水资源优化配置必须遵循科学性、公平性、有效性和可持续性的原则，通过政策引导、工程建设等措施，按照市场经济规律和资源配置准则，通过合理抑制需求、保障有效供给、维护和改善生态环境质量等手段和措施，对多种可利用水资源在区域间和各用水部门间进行调配，从而获得社会、经济和环境协调发展的最佳综合效益，实现水资源利用的可持续发展。进一步优化黄河流域水资源配置利用，一是要精准测算水资源供需量，二是科学制定水资源利用规划，三是制定控水节水方案，四是发挥制度保障作用，五是拓展水资源供应渠道。

一、精准测算水资源供需量

沿黄城市是水资源利用的重点区域，提高城市水资源利用效率是确保黄河流域高质量发展的根本基础。随着我国经济进入快速增长期，水资源问题日益突出，单位水资源投入所带来的经济、社会和生态环境的产出收益矛盾逐渐凸显，如何对城市水资源进行优化配置是当下要解决的关键问题。为科学合理优化水资源配置，精确测算黄河流域水资源供需量是基础工作。我国学者们通过不同模型，从多个角度对黄河流域水资源进行了测算研究，总体来说黄河流域九省（区）中，山西、山东、河南与陕西的综合农业水资源利用效率较高，甘肃、四川与内蒙古处于中等水平，而宁夏相较于其他几个省（区）明显低下。相关的水资源利用效率的研究显示，不同空间尺度范围内水资源利用效率水平的区域差异，为我国水资源管理政策制定和实施提供了丰富的决策参考。然而，现有的研究在实际指导提升单个城市或者流域水资源利用效率的决策支撑作用上存在一定的局限性，针对市域、市辖区尺度的研究较少，无法为地方政府提供提高水资源利用效率的先进案例和经验做法。因此，要统筹全流域的城市高质量发展，以沿黄城市为重点，建立水资源利用效率标杆体系，通过对黄河流域地级及以上城市水资源利用效率展开对标评价，利用供需关系模型，结合黄河流域人口增长和水资源利用效率控制目标设定，对"十四五"期间黄河流域地级及以上城市需水总量进行预测，为黄河流域生态保护与高质量发展、落实严格水资源管理制度和"以水定城"的流域可持续发展规划提供决策参考。①

二、科学制定资源利用规划

（一）构建水资源统一配置制度

水资源的合理配置就是通过水资源的统一规划、统一调度，让有限的水资源发挥出最大的经济、社会与生态环境效益。一是需要黄河流域各行政区域改变原有的"多龙管水"的局面，实行"五统一"，即统一规划、统一调度、统一发放取水许可证、统一征收水资源费、统一管理水量和水质。在实行"五统一"的基础上，制订规范

---

① 何伟，王语苓，傅毅明，等.黄河流域城市水资源利用效率评估及需水量估算[J].环境科学学报，2022，42(6)：482-498.

性文件，实行计划用水、节约用水和取水许可等制度，逐步形成适应新《水法》制度下的水行政管理体制。此外，积极推动非常规水纳入水资源统一配置，开展矿井水综合利用试点示范，加快污水处理设施和再生水雨水利用系统建设，探索在水资源匮乏的市、县开展非常规水利用试点。

（二）实行水资源消耗总量和强度双控

分市、县设定生产用水限额，保障生活、生态用水，健全覆盖各行业各领域的节水定额标准，建立年度节水目标责任制，建立"总量控制、指标到县、分区管理、空间均衡"的配水体系，开展水资源承载能力监测预警，合理确定水资源严重短缺地区城市发展规模，严格限制高耗水项目建设和大规模种树。

（三）建立健全城乡水资源应急体系

健全完善应急备用水源体系，加快城乡供水一体化、农村供水规模化建设，实施农村供水工程规范化改造项目。优化城市供水水源布局，实施供水系统连通、互为备用，提高供水保证率和应对突发性水安全事件等应急能力。其中，市级城市实现"一用一备"，县级城市均建成一个稳定可靠水源，逐步构建双水源保障的城市供水体系，加强集中水源地保护建设，推进县城及乡镇供水提质达标，推动城市供水管网向周边城镇延伸。为实现流域城乡供水一体化，需围绕乡村振兴和农村基础设施改善，加快农村供水设施提档升级，加快农村饮水安全巩固提升工程，同时加强贫困地区民生水利、生态水利工程建设，加快建设生态移民扶贫开发供水工程，提升区域供水保障水平，建设标准化供水设施，全面做好城乡水资源应急体系。

（四）统筹考虑全流域水资源

为保证黄河流域水资源安全和利用，细化完善干支流水资源分配是首要任务，必须建立健全干支流区域生态流量监测预警机制，推进一批重大水利工程建设，构建以骨干调水工程为主干线，大中小型水库为节点，天然河湖和水系连通工程为纽带的稳定可靠、多源互补、高效调控的水网体系，提升流域水安全保障能力；同时，要利用好长江流域水资源存量，积极推进南水北调等跨流域调水工程，实现长江、黄河流域水系连通，积极配合国家南水北调工程论证，深入开展水资源需求及配置方案研究，适时启动生态补水，南水北调全线配套工程工作。

三、制定控水节水方案

黄河流域是我国人口最集中、人类活动最频繁的地区，生产生活用水需求量巨大，提高生产生活用水效率是优化配置水资源的重要手段之一。提高生产生活用水，一是通过全社会节水控水行动，以科技手段为支撑提高用水效率；二是建设节水工程，升级水利工程，提高水利工程输水效率；三是创新科技手段，提升节水能力；四是发挥制度保障作用；五是拓展水源渠道，提高供水能力。

（一）加快控水节水建设

在流域及受水区实施深度节水控水行动，在农业生产方面，加强农业节水增效，发展高效节水灌溉，引导适水种植、量水生产，推广畜牧渔业节水方式。在工业生产过程中，加大工业节水减排力度，推广节水新技术、新工艺、新产品，培育发展节水产业，支持企业加大用水计量和节水技术改造力度，促进企业间串联、分质用水，实行一水多用和循环利用。在城乡生活过程中，全面推进节水型城市建设，实施节水型城镇建设工程，实现流域县（市、区）节水型社会达标建设全覆盖，推进海绵城市建设，因地制宜地建设雨水花园、储水池塘、下沉式绿地等雨水滞留设施，促进雨水资源充分利用。推进城镇节水降损工程建设，以降低管网漏损率为主实施老旧供水管网改造。加强再生水利用设施建设与改造，开展非常规水源利用示范工程建设，实施区域再生水循环利用试点，在城镇逐步普及建筑中水回用技术和雨水集蓄利用设施，提升再生水利用水平。完善农村集中供水和节水配套设施建设，有条件的地方实行计量收费，农村“厕所革命”采用节水型器具。落实水效标识建设、节水认证和合同节水管理，推广普及生活节水器具，开展公共机构节水技术改造，严控高耗水服务业用水，创建节水型机关、节水型企业、节水型高校、节水型居民小区。

(二)推动节水工程建设及升级改造工程

加快节水工程建设，加快以沿黄灌区为重点的续建配套与现代化改造，大力推进高标准农田建设和高效节水灌溉。开展大禹渡、尊村、禹门口、北赵等大型灌区续建配套与现代化改造和中型灌区续建配套和节水改造。发展渠道防渗等农田水利工程，推广喷灌等先进节水技术措施。推进海绵城市建设，提高雨水资源利用水平，重点抓好污水再生利用设施建设与改造。持续推进老旧供水管网改造，减少输送损耗。

(三)创新科技手段提升节水能力

贯彻落实“节水优先”，通过研发使用先进节水技术，提高全社会节水效率。鼓励支持水资源高效循环利用、精准节水灌溉控制、管网漏损监测智能化、非常规水源利用等先进技术及设备研发。推动产学研一体化，加强节水课题研究和关键技术攻关，加快节水科技成果转化，促进节水产业发展。加大节水装备及产品研发和升级改造，降低供水和水处理成本。鼓励节水产品研发制造企业从事各类节水技术服务，培育具有竞争力的第三方节水服务企业。在农业生产控水节水方面以大中型灌区为重点，加快灌溉体系现代化改造，推进节水型灌区示范工程建设，大力推广水肥一体化和高效节水灌溉技术，完善节水工程技术体系，稳步提高灌溉水利用率，促进农业用水精细化管理。同时，加快旱作农业发展，扩大低耗水、高耐旱作物种植比例，选育推广耐旱农作物新品种，加大政策、技术扶持力度，引导适水种植、量水生产。在工业控水节水潜力挖掘方面，以加快工业产业结构调整与用水工艺提升改造为主，全面提升工业用水重复利用率，加快节水技术装备推广应用，推进能源、化工、建材等高需水产业节水增效，严格限制高耗水产业发展，提高工业超标准用水成本，倒逼高耗水项目和产业有序退出。支持企业加大用水计量和节水技术改造，持续推动国家级和省级节水试点企业开展水平衡测试。支持现有园区和企业加快节水及水循环利用设施建设，推动高耗水企业加强废水深度处理和达标再利用，创建一批节水标杆企业和园区。

四、发挥制度保障作用

有力的制度保障是优化水资源配置的根本保障，要完善水利规划实施的考核机制，提高规划编制质量，更好地发挥规划对水利发展的统筹和引领作用。按照“权责对等、分类分档、公开透明、动态调整”的原则，制定水利财政事权与支出责任划分办法，理顺省、市、县三级政府水利事权和跨区域的水权分配体系。在政府投入为主的基础上，建立主体多元、充满活力的投融资体制机制，鼓励各地水控集团等投融资企业按照市场化运作原则，与银行、保险等金融资本及其他社会资本合作设立水利投资基金，鼓励非银行金融机构资金投入水资源保护和利用中，通过向社会资本开放水利工程建设权，积极盘活现有水利等国有资产。同时，加大公共财政投入，实行节水奖励补贴制度，落实国家节能节水税收优惠政策，鼓励金融机构对符合贷款条件的节水项目优先给予支持，引导社会资本通过合同节水等方式参与节水项目建设和运营，开展节水统计调查，加强对农业、工业、生活、生态环境补水四类用水户的涉水信息管理，以“受益者补偿、建设者受偿”的生态补偿理念，合理界定生态供水补偿的主体和客体，建立以资金补偿为主，政策补偿、项目补偿等相结合的生态补偿机制，为水资源优化配置奠定制度保障基础。

五、拓宽黄河流域水资源供应渠道

从长远看，黄河可开发利用的水量难以满足我省经济社会发展的需要，并且开发难度越来越大。要从根本上解决黄河水资源不足的问题，必须推进南水北调，着力破解工程性缺水瓶颈，统筹黄河水、长江水、地表水、地下水和非常规水资源，完善“四方连通、全省一体，多源调剂、统筹兼顾”的水资源调配格局。同时，推进引黄涵闸改造提升，对引黄干支渠系进行疏浚防渗整治，建设平原水库引黄调蓄工程，完善引黄供水体系。在沿黄市（县、区）也要进一步完善水网体系，加强局域水系连通和水资源调配工程建设，打通水系脉络，联合调度保障供水安全，加快建设雨洪资源调蓄利用工程和海绵城市建设，发挥水库调蓄雨洪作用，加大城市降雨就地消纳和利用比重。同时，除了充分利用南水北调工程外，沿黄各省要加快非常规水源开发利用，加快实施新型窖池高效集雨，加快海绵城市建设。新建小区、城乡道路、公共绿地等因地制宜配套建设雨水集蓄利用设施，适时开展雨水资源化利用示范工程。科学布设空地人工增雨作业基地，创建防雹试验示范基地，大力开发空中云水资源。推动非常规水源纳入水资源统一配置，建设城镇污水处理设施，完善污水收集系统，优化再生水处理工艺，完善再生水利用设施及配套管网，制定再生水利用优惠政策，加强城镇再生水回用。在黄河流域下游山东省，利用沿海优势，将淡化海水纳入沿海地区水资源统一配置，完善海水淡化项目用电用地政策，推动海水淡化规模化、产业化和全产业链协同发展，支持沿海城市创建国家海水淡化与综合利用示范城市，实施海水淡化工程，建设国家海水淡化产业基地。①

① 王学金，宋玉敏，刘新民.山东黄河水资源优化配置和可持续发展对策[C].广州：中国水利学会 2013 学术年会，2013.

第八章 经济社会高质量发展为目标基础

实现黄河流域生态保护和高质量发展，既包括生产力层面的渐进式扬弃，也包括生产关系层面的递进式良性变迁，是一个以经济社会高质量发展为目标基础的过程。综观黄河流域，从源头地青海省，经黄河“几”字形主渠道的流程域，到入海地山东省，八省域一州勾勒出的版图区域的最突出的短板特征是高质量发展不充分，同时伴随着流域内不同区域的发展相对不平衡。[①]

产业是决定黄河流域高质量发展的主要内在因子，但各省域普遍存在依赖煤炭、石油、天然气等能源和依赖化工、钢铁、水泥等原材料的现象。在我国经济发展和产业演进的大背景下，黄河流域这种倚能倚重的产业特征及其衍生的倚能倚重的固守观念，引致低质低效问题凸显。基于产业问题的低效蔓延，支撑发展的人才资源要素、资金要素和技术要素必然因要素市场价格供给困难，

① 八省域一州指山东省、河南省、山西省、陕西省、内蒙古自治区、宁夏回族自治区、甘肃省、青海省、四川省阿坝藏族羌族自治州。

导致人才资金等外流严重的格局形成。要素资源相对缺乏的比较劣势造成了高质量发展更多困境。

除此之外,基于黄河河流泥沙多、灾害多、水流量少却不均衡以及航运受限的“黄”字特征制约,黄河流域各省区间经济联结度、社会联系度历来较低,非常缺乏区域间的合作交流和协同发展。

基于此,本章将从大力实施创新驱动发展战略、建设现代化产业体系、促进城乡高质量发展三个角度,探讨黄河流域经济社会高质量发展这一目标基础。

第一节　大力实施创新驱动发展战略

进入21世纪以来,创新对于中国发展的作用凸显。这不仅得到中国共产党高度认同,而且还被纳入国家战略来大力推进。从党的十六大到党的二十大,分别提出了大力实施科教兴国战略、建立创新型国家、实施创新驱动发展战略、建立科技强国、建成科技强国。这些战略和战略目标,标志着当代中国对于大力实施创新驱动发展战略的信心和决心。随着国家战略的实施及其政策的逐步落地,黄河流域同样展现出创新驱动发展的政策响应和实践呼应,逐步形成创新驱动渐进式发展的新格局。但是,基于诸多要素制约,黄河流域创新驱动总量跟不上发展要求,质量仍然存在不平衡、不匹配状态,急需进一步加大创新驱动发展的力度。

一、黄河流域大力实施创新驱动发展战略的动因

黄河流域生态保护和高质量发展的现代化支撑动力在于创新驱动,相对于国内其他区域,黄河流域显得尤为迫切,其突出表现在以下几个方面:

(一)黄河流域整体经济发展较为落后,需要加大创新驱动来提质增速

横跨中国东、中、西三大经济带的黄河流域八省一州区域,只有山东省居于东部发达经济带,仅有河南与山西两省居于中部较发达经济带,其余五省一州居于西部欠发达经济带。从经济发展规模看,2020年黄河流域八省一州的经济总量为205674.65亿元,占全国GDP的20.24%。[①] 其中,黄河流域中上游六省一州的经济总量只有77548.55亿元,仅占黄河流域经济总量的37.7%。居于东部发达经济带的山东省与中部经济带的河南省两省2020年经济总量为128126.1亿元,占据了黄河流域经济总量的62.3%,其中山东省73129亿元,河南省54997.10亿元,分别占黄河流域经济总量的35.56%、21.66%。从经济发展质量看,黄河流域上中游属于发展不充分区域,粗放式传统产业比重较大,产业转型升级步伐滞后,内生动力不足。[②] 这不仅与我国东部经济带发展质量差距明显,而且还远远落后于长江流域。即便处于东部的山东省,近年来也受重化工业比重过大的资源禀赋特征影响,转型升级远远滞后于实施创新驱动发展战略的江苏省和已经基本完成新一轮结构调整的广东省。不仅如此,黄河流域也要受到"黄"字特征的生态环境脆弱、水资源供给质劣量少、上下游区域差异显著且落后经济比重过大的影响,呈现出整体经济效率低下的状态。[③]

① 本章以下未特别注释的数据,均为中国统计年鉴、相关省域统计年鉴、中国知识产权局和相关省域知识产权局网站年度数据、相关省域(含四川省阿坝州)的政府工作报告和统计公报等官方数据或者以这些官方数据为基础数据进行相关汇总计算得来,因数据较多则不再一一标注。

② 孙勇,汪亚林,张亚峰.黄河流域科技创新的时空格局及其经济效应[J].科技管理研究,2022(5):1-9.

③ 邢霞,修长百,刘玉春.黄河流域水资源利用效率与经济发展的耦合协调关系研究[J].软科学,2020,34(8):44-50.

如何改变这一状态？落后区域打破贫穷怪圈的途径——或者外部要素的注入譬如引进外资等，或者技术进步等。对于实现经济增长的技术进步作用，新古典经济增长模型与内生经济增长模型均有强调。同时，实现生态保护和高质量发展，既是产业结构升级演进的过程，也是新旧动能转换实现的过程，这两个过程实际上是高度内在联结的质量升级过程，其动力机制均是推进技术进步的科技创新。因此，大力实施创新驱动发展战略，通过创新驱动推进技术进步，助力于治理污染、优化环境、净化水质等，改变黄河流域生态环境脆弱、实现高质量发展。

（二）黄河流域整体创新不足且不均衡，区域协同创新格局尚未形成

依据马克思主义创新思想，创新由原创性科学研究、技术创新、制度创新、文化创新、理论创新五大部分构成。因此，实施创新驱动发展战略，也就是实施五大创新的发展战略。在五大创新中，占主导地位的是由原创性科学研究和技术创新构成的科技创新，而推动科技创新，需要理论创新指导、制度创新匹配和文化创新协同，因此五大创新又是高度融合协同发展的。那么，黄河流域创新驱动发展战略状况如何？可以从以下几个角度来研判。

1.黄河流域区域创新能力较弱

据中国科学院大学中国创新创业管理中心发布的《2020 年中国区域创新能力评价报告》，黄河流域区域创新能力最强的山东省居于全国第 6 位，其效用值为 33.15，与排在第 1 位的广东省（效用值 62.14）和排在第 3 位的江苏省（效用值 49.59）差距较大；黄河流域创新能力居于第 2 位的是陕西省，其效用值为 30.22，居全国第 9 位；居于黄河流域第三位的是河南省，其效用值为 27.47，居全国第 13 位。其余各省域青海、宁夏、山西、甘肃、内蒙古，其创新能力在

全国排名均在第20位之后。黄河流域各省域创新能力评价效用值的全国排名,是其区域创新能力的主要标志。

2.科技创新成果量能不足

从国内专利申请量的角度看,2010～2020年,黄河流域八省域一州累计国内专利申请量为5078136件,只占全国的13.77%,低于广东省且仅达到广东省一个省份5936167件的85.54%;从结构看,山东省、河南省和陕西省最近11年的国内专利申请量占据黄河流域总量的83.83%。各省域具体占比情况分别为山东48%、河南22%、陕西16%、山西5%、甘肃4%、内蒙古3%、宁夏1%、青海1%,而阿坝州最近11年只有1784件,占黄河流域国内专利申请量的比例仅为3.5‰。由此可见,黄河流域各省区域间创新驱动的效果差距巨大,结构性矛盾非常突出。与国内先进地区相较来看,即便是黄河流域内科技创新最发达的山东省,其2010～2020年累计国内专利申请量也仅仅是广东省的41.15%。从黄河流域创新的近期效果看,2020年黄河流域国内专利申请量为731586件,只占全国的14.08%和广东省的75.64%。各省在黄河流域总量中的占比分别为山东46%、河南24%、陕西14%、山西6%、甘肃4%、内蒙古4%、宁夏2%、青海1%,而阿坝州只有319件,占黄河流域国内专利申请量的比例仅为4.3‰。尽管2020年度国内专利申请量与2010～2020年累计申请量相比,各省域间占比略有变化,例如山东省由48%下降为46%,河南省由22%上升为24%,陕西省由16%下降为14%,山西与内蒙古均上升1%,但整体上各省域国内专利申请量占比结构格局未发生较大改变。但与流域外发达地区相较来看,黄河流域国内专利申请量较广东省差距有越拉越大的趋势。

从国内专利授权量看,黄河流域自2010年以来国内专利授权量占全国的比重呈现微弱上升态势，由 2010 年的 12%上升到 2020 年的 14%。2010～2020 年，这 11 年的累计国内专利授权量达到全国的 13%。与先进省广东相比，黄河流域 11 年累计国内专利授权量仅达到广东省的 73%，占比整体呈现出先升后降，到 2020 年又略有反弹的格局（见图 8-1）。

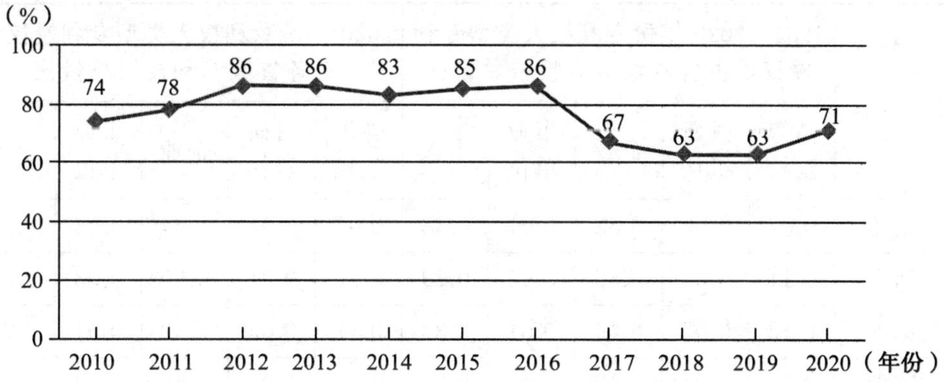

图 8-1　黄河流域 2010～2020 年国内专利授权量占广东省的百分比

从黄河流域域内看，11 年的累计国内专利授权量各省域占比分别为：山东 49%、河南 23%、陕西 14%、山西 5%、甘肃 4%、内蒙古 3%、宁夏与青海均为 1%，阿坝州只占 3.7‱。

综上分析，可以得到这样一个结论：黄河流域创新极为脆弱，创新不平衡问题非常突出，中西部区域创新弱势特征极为明显；东部的山东省虽然域内最强，但与我国先进省份广东相比还有很大差距。整体看，黄河流域既没有真正形成创新驱动发展的格局，也没有形成上下游协同创新的格局。

3.黄河流域企业创新主体作用发挥不足，体系化创新能力极为薄弱

从 1984 年到 2020 年黄河流域累计专利授权量角度考察，企

业专利授权量占比 51%，远大于高等院校的 11%、科研机构的 3%、事业单位的 2%和个人的 34%，在一定程度上体现出企业已经成为科技创新的主体。表 8-1 中 2020 年的企业专利授权量占比为 59%，展示出黄河流域企业在创新中的主体地位已有增强。

表 8-1 黄河流域各省域分专利权人类型专利授权量占比状况 单位：%

	1984～2020 年份专利权人类型专利授权量占各省域专利授权总量比					2020 年份专利权人类型专利授权量占各省域专利授权总量比				
	高等院校	科研机构	企业	事业单位	个人	高等院校	科研机构	企业	事业单位	个人
山东	0.07	0.02	0.52	0.01	0.38	0.07	0.01	0.64	0.02	0.26
河南	0.11	0.01	0.56	0.02	0.29	0.13	0.01	0.60	0.03	0.22
山西	0.12	0.05	0.49	0.01	0.33	0.17	0.03	0.52	0.01	0.27
陕西	0.27	0.04	0.42	0.01	0.26	0.31	0.04	0.49	0.02	0.15
内蒙古	0.10	0.05	0.43	0.01	0.40	0.13	0.04	0.49	0.02	0.31
宁夏	0.06	0.02	0.66	0.02	0.24	0.09	0.03	0.71	0.02	0.15
甘肃	0.16	0.07	0.42	0.03	0.33	0.19	0.05	0.44	0.04	0.28
青海	0.05	0.07	0.55	0.03	0.30	0.09	0.05	0.52	0.06	0.28
黄河流域专利授权总量	0.11	0.03	0.51	0.02	0.34	0.13	0.02	0.59	0.02	0.24

该表数据是以中国统计年鉴、各省域统计年鉴、中国知识产权局和各省域知识产权局网站年度数据、相关省域的政府工作报告相关数据为基础数据进行相关汇总计算得来。

从各省域情况看，尽管居于西部欠发达区域的宁夏的专利授权量数量并不高(2010～2020 年，宁夏的专利授权总量只占黄河流域的 1%)，但 1984～2020 年，其企业专利授权量占比达到 66%，2020 年其企业专利授权量占比高达 71%，成为黄河流域企业创新主体地位最高的省域。其次是山东和河南，2020 年企业专利授权量占比均高于 60%，分别为 64%和 60%。最低的是甘肃省，2020 年企业专利授权量占比只有 44%。此外，陕西和内蒙古的企业专利授权量占比也没有达到 50%，仅有 49%。

尽管从企业专利授权量占比可以确定黄河流域企业已经成为科技创新的主体，但黄河流域与全国（2020 年全国企业专利授权量占比为 71%）相比有差距，与创新能力最强的广东省（2020 年广东企业专利授权量占比 74%）相比也有很大差距。

从黄河流域最具创新实力的前三个城市看，2020 年青岛市企业专利授权量占比为 78%，济南为 65%，西安为 50%，与深圳的 90%都有很大差距。在深圳，科技创新实现了六个“90%”：90%的创新型企业是本土企业；90%的研发人员在企业；90%的科研投入来源于企业；90%的专利生产于企业；90%的研发机构建在企业；90%以上的重大科技项目发明专利来源于龙头企业。[①] 但在黄河流域，即便是创新能力最强的青岛市，与深圳差距也是巨大的。因为在深圳，已经形成了体系化创新的格局。在黄河流域，仅有个别产业形成了链条式创新的雏形，比如青岛海尔的创新平台及其延伸等，但从区域创新看，尚未形成体系化创新格局，甚至没有形成创新的体系化雏形。

4.黄河流域区域间的创新缺乏联结和协同

因黄土高原土质疏松，黄河流经时必然将泥沙卷带，据相关估计，黄土高原年均输入黄河泥沙 16 亿吨之多。[②] 随着黄土的逐渐流失，加之含沙量大的泥沙性水质，植被破坏严重，由此又引致水蒸发量变大、土地干燥，进一步加剧地下水不断吸收黄河水，导致

① 刘晓博.深圳，正在“蝶变”[J].特区经济日报，2021(9)：41-42.

② 都潇潇.巧借黄河低滩区 开辟治沙新途径[N].黄河报，2006-08-29(1).

黄河下游流经河道的水不断减少。这是黄河流域成为世界上水土流失最为严重、生态环境最脆弱区域的根本原因。基于此，黄河流域急需上下游紧扣“沙水”协同创新，同时，黄河流域各省域间创新差距较大，急需创新互补和带动。

然而，基于省域属地性自成体系的内嵌式管理的惯性特征，省域内经济、社会、文化等资源配置与交流互动远远强于跨省域，因为不论是政府规划，还是市场互动，都必然会受到省域跨界制约。这种状态也必然铸成科技创新的跨界社会隐性壁垒和跨界显性障碍普遍存在的现实。加之黄河流域不同区域间的经济发展差距大、优劣势没有得到互补性契合等原因，其区域间的创新联结缺乏主动性，区域间的协同创新严重不足。尽管当下黄河流域生态保护和高质量发展上升为国家战略，但惯性实践和长期性制度梗阻也很难在短期内解决。

此外，黄河流域生态保护和高质量发展的本质要求，也是大力实施创新驱动发展战略的使命所归。

二、大力实施黄河流域创新驱动发展战略的路径探索

大力实施黄河流域的创新驱动发展战略，绝不是单打独斗的省域战略的简单累加，而是八省域一州的整体战略的统筹谋划和协同推进。

（一）准确把握黄河流域创新实践和创新需求，顶层设计创新规划

从黄河流域上下游看，创新集中于山东、河南、陕西，而山西、甘肃、内蒙古、宁夏、青海和四川的阿坝州的创新能力较弱。鉴于黄河流域区域间创新差异较大的现实，实施创新驱动发展战略，首先，要通过进一步充分调研，摸清不同区域创新的优势、劣势，不同

区域创新能力状况，比如创新平台建立和创新人才队伍水平，还要摸清本区域创新需求状况与创新供给状况的匹配性。其次，在认真研究各省域既往的创新战略实施状况及战略规划的基础上，顶层设计黄河流域的科技创新一体化规划。以水资源保护和生态保护为纽带，以高质量发展为总遵循，依据国务院《黄河流域生态保护和高质量发展规划纲要》，定期分类厘定阶段性创新目标、创新重点，合理布局创新资源集聚、分工与协同。通过顶层设计创新规划，达到以规划引领创新、以规划促进协同、以规划打破壁垒、以规划凝聚创新力量的目标要求，避免创新的分散性、重复性和资源配置的低效率。具体方向性重点如下：

一是围绕"水"做足科技创新规划文章。对上游，重点设计以保护水的原生态和水量充足为主要目标的科技创新规划。针对上游科技创新资源薄弱的现实，将国家资源、黄河中下游资源规划进上游科技创新任务中，明确各种需要解决的具体问题、达到的目标、主要引领者、资源配给、资源运用、各主体责任、具体实施计划和实施路径、各省域协同支持与制度匹配等。对中游，重点围绕水质和水流失做足生态保护文章，紧扣两大难题：一个是基于黄河泥沙"几乎十分之九是来自甘肃、陕西、山西境内的支流"[①]，且造成黄河淤积的主因是来自陕西和山西支流区的粗泥沙，而水土保持能有效缓解淤积，需要拓展新时代的治沙和治水的原理性科学研究和技术创新，建议将黄河沙水治理研究与新产业、新模式、新业态的数字化手段相结合来创新研究手段、拓宽研究思路。另一个是以新旧动能转换、产业升级、环境净化滋养黄河水资源生态的科技创新。通过有针对性的顶层设计，强化黄河"沙土"减少和生态保

① 邓子恢.关于根治黄河水害和开发黄河水利的综合规划的报告[M].北京：人民出版社，1995：12.

护的黄河中游区域的主体责任，并锚定下游省域的支持责任，同时，还要牵引域外科技创新资源的参与支持责任。

二是围绕“双碳”目标做足生态保护层面的科技创新规划文章。黄河流域基本属于科技创新“南北”问题的“北”方。该区域创新驱动发展战略实施起步落后于“南”方，突出表现为该区域仍居于科技创新投入和产出量能不足的跟跑状态和科技创新理念的滞后状态。尽管山东居于黄河流域科技创新的龙头地位，但其创新能力居于全国第6位，与山西有相似的产业状态，即仍居于资源型和重化工业比重过大的碳排放量高企状态扭转困境中，而煤炭资源型的山西与甘肃、青海、宁夏、内蒙古同样属于科技创新非常弱的省份。面对这种情况，黄河流域要实现生态保护和高质量发展的国家区域发展战略的目标要求，就需要围绕“双碳”目标做足生态保护层面的科技创新规划。首先，全流域整体布局高碳排放产业的科技创新规划。主要针对煤炭、石油、化工、火电、电解铝等传统产业实施转型性科技研发和科技成果转化运用，提升能源产出比，实现高排放传统产业的动力变革、效率变革和质量变革。其次，要全流域整体规划培育新兴产业的科技创新，顶层设计好以创新促进流域内的数字化的新一代信息技术、医养健康、先进材料、智能制造与高端装备、生物医药、产业金融、现代物流、量子科技、文化旅游、科技服务等产业联合，集聚和融合发展好科技研发重点布局结构和协同创新格局。同时，规划好产铜产业。

（二）进一步突出企业创新的主体地位，实现外部资源易融的域内产学研合作的协同融合创新局面

黄河流域企业创新的主体地位不突出，域内科技创新资源特别是人才资源萎缩性特征明显，体制机制和观念约束下的产学研合作障碍尚未得到有效疏解，这些是黄河流域科技创新所面临的突出问题。解决这些问题需要采取一些符合黄河流域需求的特殊思路。

一是提升域内企业家创新力。定期举办流域内跨省域企业家创新能力提升培训研讨交流专题班。利用培训、研讨和交流，既促进域内企业家实现由传统粗放式竞争的经营观念向科技创新的现代化经营观念的转变，激发企业家创新动力，也促进企业家相互沟通、厚实感情、了解东西部不同区域企业的科技创新情况和创新需求，探测域内东、中、西企业的经营状况、资源供需状况和科技创新的具体情况，为优劣势互补强化对接基础。培训可以定期或不定期地进行，可以分行业集中培训或者分产业链条集中培训等。总之，企业家创新能力培训实施多样化模式，以企业家可接受的模式灵活推进。

二是推进企业引领重点领域的科技创新。企业是科技创新的主要实践场所、科技成果转化价值实现的主要载体，也是科技成果主要检验者和科技研发方向的最先发现者。同时，企业还是按照市场规则运转的最优微观组织。面对高风险的科技创新，企业较高校、研发机构等更具有实现科技创新绩效斟酌的优势。因此，对于科技创新，特别是关键核心技术的科技创新，尽管有时需要全社会集聚关键性人才、关键性实验室和关键性资源进行自主创新，但以关键性企业引领更有效率。因此，黄河流域应发挥跨域性政府作用，定期调研、捕捉需要创新研发的一些关键性核心技术，纳入整体规划并赋予公共资源，然后以市场化规则，或政府先给予一定资助的市场化规则，将其交给能力最强的各种各样的企业，最终形成以龙头企业为主体，高校、研发机构和社会组织等参与的产学研合作的协同创新局面，高效率地推进关键核心技术研发。

三是紧扣黄河流域生态保护和高质量发展的突出特点布局科技创新，逐步形成体系化创新格局。依据国务院《黄河流域生态保护和高质量发展规划纲要》，黄河流域科技创新应主要布局于减污、降碳、消害、提质、增效等方面。减污、降碳、消害方面，既包括加大工业污染协同治理力度的科技创新，比如加快高耗水、高污染性企业的超低排放改造和强制性清洁生产的科技创新；也包括统筹推进城乡污水垃圾、医疗废物、危险废物等生活污染治理的科技创新；还包括矿区生态环境综合整治和黄河泥沙整治的科技创新，诸如“地质环境治理、地形地貌重塑、植被重建等生态修复和土壤、水体污染治理”方面。提质、增效方面，主要在于增强黄河流域动力、质量和效率变革的科技创新，包括新产业、新业态、新能源、新技术和新模式的科技创新。

当前，黄河流域体系化创新格局并没有形成，仍然处于分散式甚至孤岛式创新格局状态，即便走在创新前列的青岛市，也仅有海尔等个别产业链条形成了体系化创新的雏形，即不完整的体系化创新格局。如何推进黄河流域的体系化创新格局的形成？建议按照国务院《黄河流域生态保护和高质量发展规划纲要》指出的黄河流域的问题，重点布局科技创新的主攻方向，在每一个产业类别内，根据不同产业对科技创新的要求，以科技创新龙头企业为核心企业进行体系化创新布局和体系化创新推进。同时，还要帮助企业搞清楚当前其处于产业链的什么位置，推动企业想办法融入创新龙头企业筑成的高端产业链、供应链和需求链，逐步形成体系化创新格局。

（三）推进体制机制改革，打破科技创新体制机制障碍和跨界壁垒

按照马克思科技创新需要制度创新匹配的思想和习近平总书

记“坚持科技创新和制度创新‘双轮驱动’”的要求[①]，有效推动黄河流域的科技创新和制度创新。首先，要着力破除黄河流域省域政府、跨域企业间深层次制度、体制和机制跨界壁垒；其次，破除区域内跨部门、跨领域的深层次制度体系障碍和机制障碍；最后，破除阻碍科技创新的公共权力制度性异化壁垒。

此外，还要推动黄河流域上下游的科技成果转移转化进程，推动建立科技创新成果共创共享机制。

第二节 建设现代化产业体系

在我国贯彻新发展理念、建立现代化经济体系、构建新发展格局的大背景下，既要做好黄河流域的生态保护，也要实现黄河流域的高质量发展。对沙土流失严重、混沙水质无法改变的弱质生态环境和区域发展极不平衡、总体发展较为落后的黄河流域而言，任务相当艰巨。迫切需要进一步夯实新发展阶段的发展基础，探求新发展阶段的发展载体，即建设适合黄河流域发展的现代化产业体系。

一、现代产业体系与现代化产业体系的理论阐释

“现代产业体系”这一概念是中国共产党第十七次全国代表大会报告中首次提出来的，是一个中国语境下的概念。提出这一概念，最初旨在推进工业化和信息化融合，促进工业特别是装备制造业变强、淘汰粗放产能、提高生产能力。党的十八大就产业体系问题进一步明确强调，“发展现代信息技术产业体系……推进信息网

① 习近平.在中国科学院第十九次院士大会、中国工程院第十四次院士大会上的讲话.人民日报，2018-05-29：(2).

络技术广泛运用"[①],将产业体系赋予了现代信息技术的内容。党的十九大报告中的"着力加快建设实体经济、科技创新、现代金融、人力资源协同发展的产业体系"[②],强调了现代产业体系的实体经济、科技创新、现代金融和人力资本四大要素协同的特征。同时党的十九大报告还进一步提出了构建现代农业产业体系和健全现代文化产业体系的要求,细化了现代产业体系的实体内容。党的二十大对现代产业体系提出了更高的目标"建设现代化产业体系",强调产业体系的"现代化"特征。

实际上,现代产业体系是发展经济学的一个动态概念,其特征是现代性。它是技术内生不断增强、资源消耗逐步降低、生产效率不断提升、竞争优势不断强化、绿色可持续性不断加强的以人力资本价值实现为依托的产业体系。它是工业化不断演进、产业结构和要素配置结构不断优化、科技创新动力不断增强、与人的全面自由发展不断融合的更符合时代发展要求的新兴产业体系。

当然,现代产业体系也是一个相对的概念。不同国家、不同区域因资源禀赋差异化特征,赋予了现代产业体系差异化内容。发达经济体的现代产业体系的"现代化"要素,必然结构化地高于落后经济体"现代化"要素。

如果一个区域建立起现代产业体系,其产业在横向联系上会体现出均衡协调发展特征,在纵向联系上会形成相当多的贯穿全区域的产业链条特征。这种区域化的产业,其制度、技术和劳动力素质都较好,其发展在结构上不仅与消费良性互动,而且还与国际环境、资源环境相协调,与国际产业发展相衔接,其产业链连接完

① 胡锦涛.坚定不移沿着中国特色社会主义道路前进 为全面建成小康社会而奋斗——在中国共产党第十八次全国代表大会上的报告[N].人民日报,2012-11-09(2).

② 党的十九大报告辅导读本[M].北京:人民出版社,2017:29-30.

整、优势集聚、竞争力强。

进入新时代,现代产业体系与第四次产业革命紧密相连。前三次产业革命的重要引擎是蒸汽机、电力和信息技术,其共同的特点是能够带来体系化的创新格局。根据这一规律,对第四次产业革命重要引擎的基本判断应该是“数字智能”。

总体来看,现代产业体系内涵的界定主要聚焦产业体系化的禀赋状态及其发展潜力,学界主要聚焦产业结构先进性、产业竞争优势两要素,但政府是从更宽泛的社会发展角度考虑,将结构要素、技术要素、生态化可持续发展要素、就业要素等纳入其中。

就今天的中国发展格局看,对现代产业体系内涵的界定需要充分考虑创新性、再生性、生态性、系统性、规模性、精准性的内在特征。因此,本章将现代产业体系界定为融合现代信息技术、现代高科技技术、数字智能等高端技术要素的,以智慧经济为主导的,与农业、工业、服务业、信息产业相融合的,以大健康产业为核心的,实现产业不断演化、不断升级,效率和质量不断提高的高附加值产业形态。这一概念的界定充分体现了中国当前产业体系的时代特征。而现代化产业体系是以现代化为支撑的产业体系,是产业体系的高级形态,其突出特征是“现代化”。党的二十大提出这一目标,与“中国式现代化”相呼应。

二、黄河流域建设现代化产业体系面临的困难和挑战

当前,建设黄河流域现代化产业体系,面临着与黄河流域产业体系基本特征相联系的一些挑战。

(一)黄河流域已呈现出后工业化时代产业体系的具体特征

“后工业化”的概念是美国批判社会学和文化保守主义的代表人物丹尼尔·贝尔(Daniel Bell)首次提出来的,其认为后工业化社

会是以信息和服务为基础的，包括五个方面的特征：从制造业向服务业转型，新的科技主导型工业成为核心；在职业层面，专业和科技人员的地位上升，在经济社会领域取代了企业主的主导地位；理论社会在社会中的中枢性特征明显，成为社会革新和制度政策的来源；技术同样成为社会的一个中枢；决策依靠新的智能技术。①

依据丹尼尔对“后工业化”的界定，进入后工业化时代的产业体系特征表现在服务业即第三产业的比重较大，业界普遍认同其超过50%，同时信息、技术、智能化成为产业体系的支撑性因素。如果以这个标准考察黄河流域，可以看到，2020年黄河流域第三产业GDP占比达到51%，超过50%，并且黄河流域对信息服务、技术和决策的依赖程度也基本达到丹尼尔所描述的特征要求。尽管目前黄河流域的专业科技人员并没有完全取代“企业主”居于社会的主导地位，但该局面已在不断演进升级。因此，我们可以基本给出黄河流域已经进入后工业化时代的结论，其产业体系已经基本具备后工业化时代特征。

然而，尽管黄河流域产业体系整体上已经具备后工业时代的基本特征，但其内部区域性差异较大。其中，2020年四川省阿坝州、甘肃省、山东省、山西省、青海省、宁夏回族自治区六个区域的第三次产业比重超过50%（分别为57%、55%、54%、51%、51%、50%），仍有三个省域第三产业比重低于50%（河南省49%、内蒙古自治区49%、陕西省48%）。第一产业占比超过10%的有四川省阿坝州（20%）、甘肃省（13%）、内蒙古自治区（12%）、青海省（11%）、河南省（10%）。第二产业占比最低的是四川省阿坝州

① [美]丹尼尔·贝尔著.后工业社会的来临[M]高铦，王宏周，魏章玲，译.北京：新华出版社，1997:4.

(23%),其次较低的是甘肃省(32%);占比较高的是山西省、陕西省(均为43%),其次是河南省(42%)。这种差异化特征不利于黄河流域建设现代化产业体系。

同时,从西方国家进入后工业化社会的发展历程看,一旦进入后工业化时代,第三产业占比的增长是相当缓慢的。例如1950年,美国第三产业占比达到55%,但40年后的1990年,第三产业比重仅达到70%。1970年,法国第三产业占比为56%,20年后的1990年,第三产业占比仅上升为67%。1975年,日本进入后工业化时代,1980年,其第三产业占比达到53.3%,但10年后的1990年,占比仅提升到55%。第三产业比重的提高意味着现代产业体系结构的优化,也意味着以高端技术要素融合的、以服务规模和质量提升的高附加值产业形态的演进。

由此看来,黄河流域已经进入后工业化时代,同时其后工业化时代又体现出区域差异较大的自身弱质性特征,这都给黄河流域建设现代化产业体系带来了挑战。

(二)黄河流域创新产出能力不强大和重化工业占比较大的产业素质特征,给建设现代化产业体系带来较大的挑战

就第二产业中的规模以上工业企业新产品来看,2020年,黄河流域规模以上工业企业产品销售收入总计208743.31亿元,规模以上工业企业新产品销售收入(不含阿坝州)32345.87亿元,新产品销售收入占比达到16%(不含阿坝州)。其中位居黄河流域下游经济最发达的山东省,其2020年规模以上工业企业新产品销售收入(17081.08亿元)在全国的占比达到20%,其次是河南省(7907.50亿元)占比为16%,陕西省占比为11%,山西、内蒙古、宁夏占比均为10%,青海占比%,甘肃占比8%。规模以上工业企业新产品销售收入占比一定程度上反映出产业体系的创新发展程度。然而，在这个问题上，黄河流域无论与全国平均水平相比，还是与广东、江苏、浙江等发达省份相比，差距都很大。就全国看，2020年，规模以上工业企业新产品销售收入占规模以上工业企业销售总收入的比重为22%，高于黄河流域的16%，也高于黄河流域最好省份山东省的20%；就现代产业体系较好的广东和江浙看，2020年，广东、江苏、浙江规模以上工业企业新产品销售收入分别为44313.05亿元、39442.84亿元、28302.50亿元，在全国的占比分别为30%、31%、36%，远远高于黄河流域。从这一角度看，黄河流域建设现代化经济体系任重道远。就黄河流域规模以上重化工业情况看，2020年，黄河流域重工业资产占比为85%，重工业收入占比达到80%。[①] 各省域情况如表8-2所示。

表8-2　2020年规模以上工业企业中重工业资产和重工业收入占比　单位：%

	山东	河南	山西	陕西	内蒙古	甘肃
资产占比	79	77	97	90	90	90
收入占比	77	71	95	82	87	90

由此可见，除宁夏、青海和四川省阿坝州之外的黄河流域六省域规模以上工业企业的最突出特征是重工业占比过高，这是黄河流域建设现代化产业体系面临的主要问题。这种重工业比重较大的规模以上工业企业的主要行业分布结构详见表8-3。

① 此数据根据中国统计年鉴、各省域统计年鉴计算得到。鉴于宁夏、青海和四川省阿坝州的统计年鉴缺失有关数据，未将上述三个区域的数据计算在内。

表 8-3 2020 年黄河流域规模以上重工业企业中的主要行业资产和销售收入占比

单位:%

	各项资产占总资产百分比			各项收入占总收入百分比		
	采矿业	制造业	电力、热力、燃气及水的生产和供应业	采矿业	制造业	电力、热力、燃气及水的生产和供应业
山东	7	78	15	3	90	7
河南	9	77	14	4	89	7
山西	53	34	13	35	53	12
陕西	25	61	14	25	61	14
内蒙古	29	45	26	22	61	17
宁夏	15	52	33	9	65	25
甘肃	13	59	27	7	78	15
青海	14	63	24	17	51	32
黄河流域	20	63	17	11	79	10

因受统计年鉴官方公开资料所限,本处黄河流域数据不包括四川省阿坝州数据。

从表 8-3 中体现黄河流域规模以上工业企业产业体系特征的资产及其收入状况看,黄河流域规模以上工业企业主要以制造业为主,制造业资产占比 63%,收入占比 79%;采矿业资产占比 20%,收入占比 11%;电力、热力、燃气及水的生产和供应业资产占比 17%,收入占比 10%。整体看,制造业资产收益率高于其他两类行业。从省域状况看,山东、河南制造业资产和收益比重相对较大,山西、内蒙古、陕西采矿业资产和收益比重相对较大。特别是山西省,采矿业资产占比高达 53%,其制造业资产比重仅为 34%,但该省的采矿业和制造业收益比例呈倒挂格局,资产占比 53%的采矿业收益占比 35%,资产占比 34%的制造业收益占比 53%。这反映出采矿业的效率低于制造业的产业体系的一种格局状态，也反映出2020年煤炭等能源价格低位徘徊格局（2022年受俄乌冲突影响，能源价格高企是例外事件）。从电力、热力、燃气及水的生产和供应业资产与收益倒挂问题中，我们可以得到2020年新旧能源和水资源产业都存在效率不高的结论。由此我们可以判断，黄河流域无论是采矿业，还是电力、热力、燃气及水的生产和供应业，其产业层次与现代产业体系要求还有一些距离。而且从表中数据还可以看到，这两个行业在黄河流域规模以上工业企业总资产中占比相当高，尤其是山西占比64%（53%＋13%）、内蒙古占比55%（29%＋26%）、宁夏占比48%（15%＋33%），而且这两个产业在这些区域大多表现为粗放的生产方式，现代产业素质较低。当然，黄河流域的制造业的现代化产业素质也低于江苏、浙江和广东。

以上状况给黄河流域建设现代化产业体系带来较大的压力和挑战。

（三）产业链上下游贯穿的弱势格局是黄河流域现代化产业体系建设的重大挑战

延展黄河上下游的产业链条并非空中楼阁，需要建立在现实的基础上。

从航运条件看，黄河低下的航运能力是制约上下游产业贯通融合的一个重要因素。作为母亲河的黄河，与长江相比差距甚远，长江年均径流量高达9616亿立方米，而黄河仅600亿立方米左右。再者长江水泥沙少，对河道航运影响不明显，但流经黄土高原的黄河水天然带沙量年均16亿吨。天壤之别的自然条件导致的结果是，长江下游水深可达12.5米，可通过万吨巨轮，5000吨巨轮从长江口直达重庆，航道接近2000千米。但自内蒙古托克托县河口镇到山东东营市河口区的黄河中下游河段，其河道水深为2～

3米，最浅之处仅1米多，只能容许小型的平底船通过，不可能承载中大型货船。

从产业协同惯性看，黄河流域各区域分居中国的东、中、西三类发展程度差异较大的区域，产业区域性特征明显，产业间难以实现精准性、实体化匹配对接。加之不同区域社会性和文化性壁垒、行政化管辖目标约束性壁垒等较大的天然壁障，导致上下游产业对接的主动性不足。

从产业结构层次的演进规律来看，经济发展的差异性决定了黄河流域产业结构层次由下游到上游呈现逐渐降低的趋势。从缪尔达尔的累积因果论中，我们会很快得到结论：黄河流域产业链条的形成，会由东部发达区域向中部较为发达区域、再进一步向西部欠发达区域梯次性辐射带动并形成不同层次产业的一体化链条匹配格局。但黄河流域上下游空间跨度较大，强势区域经济发展资源的扩散效应难以有效辐射到远距离落后区域，加之极化效应和回程效应的影响，短期要彻底改变贯穿黄河流域上下游的产业链条间的相互关联、相互影响的脆弱格局较为困难。诸如，居于山东省东部的青岛、烟台和威海的产业结构层次较高，但其产业跨域辐射到山东省西部的菏泽市的矢量就已经很弱。因此，即便在山东省的区域内，尚不能形成产业链的体系化格局，依托较弱的山东省菏泽市、聊城市去协同河南省进一步向西辐射，形成产业链的体系化格局更是困难。

除上述三个问题外，黄河流域产业体系还具有我国产业体系普遍存在的一些问题，如实体经济发展不平衡不充分、科技创新对实体经济的支撑作用不够、现代金融服务实体经济的能力不强、人力资源对实体经济的保障仍需加力等。

综上分析，我们可以得出基本判断：基于水沙关系失调、大面积盐碱化、地下水超采、农业生产缺乏可持续、水生态失衡、水环境污染、湖泊湿地萎缩、生物栖息地减少、水体自净化能力下降以及航运能力缺失等自然条件弱化，产业素质不高且区域化格局固化，实体经济发展不充分不平衡，科技创新能力不强，扩散效应凝化，人力资源保障力仍需提升等方面的压力和挑战，黄河流域要建设现代化产业体系，任务极其艰巨。

三、黄河流域建设现代化产业体系的建议

黄河流域建设现代化产业体系，既包括区域性现代化产业体系的建设，也包括全域性现代化产业体系的建设。区域性现代化产业体系是全域性现代化产业体系的组成部分和构成内容。因此，区域性现代化产业体系的建设，是全域性现代化产业体系建设的基础和基本要求，全域性现代化产业体系的建设是区域性现代化产业体系建设的最终结果。那么，在当今格局下，推动黄河流域建设现代化产业体系，将从以下几个方面着手：

一是省域内化提升区域性产业的现代化水平，推进域内现代化产业体系不断演进。党的十九大报告中的“着力加快建设实体经济、科技创新、现代金融、人力资源协同发展的产业体系”，党的二十大报告强调“坚持把发展经济的着力点放在实体经济上”，指明了现代化产业体系的构建路径。因此，黄河流域各省域应将首要问题放在实体经济发展，特别是产业素质提升方面。具体措施是加快改造传统产业、促进传统产业不断升级。加快培育发展壮大战略性新兴产业，促进战略性新兴产业规模不断扩大、质量不断提升。紧扣“黄河”产业需求和产业特征，重点针对采矿业、传统制造业与智能化、高科技化和信息化的融合发展，重点瞄准先进制造业、制造业前沿领域的创新布局和创新发展。重点措施是科技创

新动力机制的高效推动、现代金融“供血”充足保障、高水平人力资本的匹配对接。应下力气研究如何渐进式、高效率推进实体经济、科技创新、现代金融、人力资源四个方面的工作，如何与现代化产业体系建设和发展相融合。

二是按照黄河流域生态保护和高质量发展战略要求，协同推进全流域建设现代化产业体系。建设全域现代化产业体系，离不开顶层设计即中央整体规划引领，但更重要的是域内产业自身的扩张性连接、蔓延、交错、深化和融合，并最终逐渐将省域界限淡出市场、进行内生性发展。然而，市场失灵与政府失灵均不可忽视。基于市场失灵和政府失灵的双重陷阱，政府应紧扣域内不同产业的发展规律和发展特点，进一步研究确定适合本地区域特色和市场规律特点的现代化产业体系的发展方向、发展重点和发展目标，规划引领和协同推动建设黄河流域全流域现代化产业体系。在具体环节上，政府应紧扣黄河流域生态保护和高质量发展这一战略的主线，作为顶层设计和协同推进的重点，展开现代化产业体系重点工作建设。比如，针对黄河的弱质特征，政府可以发挥宏观调控作用，集聚国内尖端研究资源开展生态环境保护、水资源保护利用、沙水灾害防御、煤化工净化、新能源的协同开发等研究；再如，针对体现不同区域特色的产品联结形成的产业链，政府可以在救济弱势、动员优势、优化布局、提升联结度的基础上，赋予激励性资源，提升产业链整体素质，以点带面逐步建设现代化产业体系。当然，建设黄河流域的现代化产业体系是一项宏大工程，不可能一蹴而就，需要长期努力、渐进式发展。脱离市场发展规律的激进式推动一般以失败而告终。

三是高端引领制度博弈，推动制度有效创新。党的十九大报告明确指出，“着力构建市场机制有效、微观主体有活力、宏观调控有度的经济体制”，中共中央国务院2021年10月8日印发的《黄河流域生态保护和高质量发展规划纲要》要求“完善规划政策体系”“建立健全工作机制”，明确指出要“组织编制生态保护和修复、环境保护与污染治理、水安全保障、文化保护传承弘扬、基础设施互联互通、能源转型发展、黄河文化公园规划建设等专项规划，研究出台配套政策和综合改革措施，形成‘1＋N＋X’规划政策体系”“沿黄各省区要建立重大工程、重大项目推进机制”“坚持中央统筹、省负总责、市县落实的工作机制”“充分发挥水利部黄河水利委员会作用，为领导小组工作提供支撑保障。领导小组办公室要加强对本规划纲要实施的跟踪分析，做好政策研究、统筹协调、督促落实等工作”①。这为黄河流域生态保护和高质量发展的制度建设指明了方向和重点、责任主体、职责划分、工作机制、监督落实等。同时，也为黄河流域建设现代化产业体系制度设计做了规范性引领。除此之外，针对建设黄河流域现代化产业体系的制度层面，还需要注意以下几个方面：

首先，要有效实现市场和政府协同。建设黄河流域现代化产业体系，必然涉及省域间、省域内各区域间的跨界壁垒，主要原因是省域间的各方利益冲突。贯穿上下游的产业体系的建设，既存在可能的省域内各区域间利益博弈，也会存在可能的省域间利益博弈。要充分认识到，建设现代化产业体系的每一个环节，多方利益博弈具有客观性和现实性。这就需要坚持各方共赢，协商一致，以公平为主、兼顾效率的原则，要充分发挥市场在现代化产业体系建设中配置资源的决定性作用，但基于市场失灵的可能性程度，必要时需要发挥好利益博弈方的上一级政府的作用。

① 中共中央国务院.黄河流域生态保护和高质量发展规划纲要[N].人民日报，2021-10-09(7).

其次，要鼓励高端龙头企业的现代化产业引领作用。现代化产业体系离不开实体经济，准确地说，是离不开体现现代化特征的实体经济。现代化产业体系的建设需要现代化程度高的实体经济，往往其代表者就是高端龙头企业。因此，要建设黄河流域现代化产业体系，必须在制度设计上鼓励高端龙头企业跨区域拓展产业链、需求链和供给链，带动全方位体系化的科技创新、人力资本全方位全流域的集聚和协同，带动现代金融对先进性产业体系的支持，这是一个良性循环。

最后，要构建各区域间协同性政府，为现代化产业体系的建设提供跨界无障碍、高效能服务。同时，通过协同政府作用，推动社会整体为现代化产业体系的建设和发展贡献力量和资源。

第三节　促进城乡高质量发展(幸福河)

城与乡是两个地理空间。改革开放以来，中国的城市与乡村都取得了巨大的发展成就，但进入 21 世纪以来，城镇化进程的加快改变了城乡的协同发展格局，乡村发展相对滞后甚至出现衰败与城市以高楼大厦为特征的现代化并存。城乡发展的不平衡、不充分集中体现在高质量发展要求上。党的十九大提出实施乡村振兴战略，强调农业农村优先发展的要求。党的二十大进一步强调“坚持城乡融合发展，畅通城乡要素流动”，更加明确了城乡融合高质量发展的目标要求。就黄河流域而言，城、乡都居于北方，均受制于寒冷、少雨、缺水的影响，也面临着黄河弱质特征带来的困境。促进黄河流域高质量发展，需要按照中央有关精神，构建区域城乡新发展格局，着力于推动动力变革、效率变革和质量变革，打赢城乡发展不平衡、不充分之战。

一、积极推进沿黄城市群高端化建设

首先，对沿黄城市群发展及其功能进行合理规划和合理定位，在此基础上推动其高质量、高标准化建设。重点破除上下游资源要素跨域流动壁垒，重点从制度建设破题，促进人力资源、土地资源和资金等资源要素的高效流动，“增强沿黄城市群经济和人口承载能力，打造黄河流域高质量发展的增长极，推进建设黄河流域生态保护和高质量发展先行区”[①]。

其次，逐步提升沿黄城市群内生发展品质。厘定域内生态环境、水资源的约束和管控责任，规划好城镇高质量发展布局结构，管控和制约城市的重复性、低素质无序扩张。坚决杜绝借助黄河流域生态保护和高质量发展战略实施之势，粗制滥造开发区等工程性政绩工程。加快城市群内部降低交易成本的工程建设。加快降低资源流动的时间成本、空间成本和信息交流成本，促进资源的高效率协同与高质量合作。

最后，构筑生态性、协调性、互补性高的，共赢的、公平竞争的发展环境，坚决杜绝城市群的同质化、低水平重复性建设和低素质竞争。逐步构筑出上下游、东中西的梯度匹配，优劣势互补的沿黄城市群高效率发展格局。形成有助于推进科技创新、有助于促进产业集聚和制造业有序壮大、不断升级的发展环境。

二、有序推进黄河流域县域发展

首先，因地制宜地发展县域经济。无论东部还是西部，基于县域集聚资源能力弱化的现实导致的县域经济发展滞后是普遍性问

① 中共中央国务院.黄河流域生态保护和高质量发展规划纲要[Z].人民日报，2021-10-09(7).

题。因此,发展县域经济特别是以县城为龙头发展县域经济理应成为努力的重点。但基于将发展资源向县城过度集聚导致乡村产业空心化的现实,依据《黄河流域生态保护和高质量发展规划纲要》要求,建议在"特色产业园、农民工返乡创业园、农产品仓储保险冷链物流设施等产业平台"的分类建设过程中,重点向乡村进行布局,促进产业向乡村有序高效转移。一句话,让乡村有业可创,让居住乡村的人有业可就。

其次,合理配置县域公共发展资源。宏观领域积极支持上游县城发展,微观领域合理引导重点生态功能区和农产品主产区的县域发展。同时,将实施乡村振兴战略与黄河流域生态保护和高质量发展战略相结合,强化县域公共资源供给,协同推进乡村公共资源的提标改造和质量升级,真正落实农业农村优先发展。

最后,有序实现县域生态化发展。集聚国家、省域、市域、县域的优势力量,强化科技创新作用,逐步降低黄河的"沙水"危害和产业的"粗放"危害,提升产业素质,净化生态环境,促进县域高质量生态化发展。同时,还要继续大力推动社会领域的公共资源均等化建设,推进社会和谐稳定,实现县域社会的生态化有序运转。

三、不断推进生态宜居美丽乡村建设

通过深入研究黄河沙水,研究黄河流域泥流、滩涂、土壤、地下水资源、气候等自然条件的优劣势,紧密结合黄河流域的乡土风情和文化特色,探索黄河流域区域性规律特征,扎实推进乡村振兴战略实施。

坚持农业、农村优先发展,科学推进上下游不同区域的乡村规划布局,发挥黄河流域不同领域的农林牧渔特色优势,夯实黄河流域不同区域各具特色的产业发展基础，推进乡村产业振兴。同时，按照《黄河流域生态保护和高质量发展规划纲要》实现黄河流域生态保护和高质量发展的要求，在做好人才振兴、组织振兴、文化振兴和生态振兴的基础上，重点推进乡村生态化基础设施建设，不断改善农村人居环境，不断促进高质量发展约束条件下的产业内生性、社会运转和谐性发展，不断实现黄河流域乡村的生态、宜居、美丽的发展要求。

第九章　保护传承黄河文化，助力山东经济社会高质量发展

2019 年 9 月 18 日，习近平总书记在《黄河流域生态保护和高质量发展座谈会上的讲话》中说："要深入挖掘黄河文化蕴含的时代价值，讲好'黄河故事'，延续历史文脉，坚定文化自信，为实现中华民族伟大复兴的中国梦凝聚精神力量。"① 2021 年 10 月 22 日，习近平总书记在济南主持召开深入推动黄河流域生态保护和高质量发展座谈会并发表重要讲话，勉励山东努力"在服务和融入新发展格局上走在前、在增强经济社会发展创新力上走在前、在推动黄河流域生态保护和高质量发展上走在前"②。

黄河发源于青藏高原巴颜喀拉山北麓的约古宗列盆地，流经青海、四川、甘肃、宁夏、内蒙古、山西、陕西、河南、山东等九省(区)，全长 5464 千米，流域面积 79.5 万平方千米，从东明县入山

---

① 习近平.在黄河流域生态保护和高质量发展座谈会上的讲话[J].求是，2019(20)：4-11.

② 习近平在深入推动黄河流域生态保护和高质量发展座谈会上强调　咬定目标脚踏实地埋头苦干久久为功　为黄河永远造福中华民族而不懈奋斗[N].人民日报，2021-10-23(01).

东，呈北偏东流向。黄河从河源至内蒙古托克托县的河口镇为上游，从河口镇至河南郑州的桃花峪为中游，桃花峪至河口为下游。黄河流域是我国历史上开发最早的地区，也是中华民族的摇篮。在世界各地大都还处在蒙昧状态的时候，我们勤劳勇敢的祖先就在这块广阔的土地上披荆斩棘，勤劳生息，创造出了灿烂夺目的古代文化。黄河是中华民族的母亲河，是中华文明的象征，是中华民族的根与魂。黄河被誉为“百川之首”“百渎之宗”。因此黄河之于中国不仅仅是一条地理的河，而且还是一条承载着深厚的中国历史文化和中华民族精神的母亲河。山东是儒家文化的发祥地，也是黄河文化带的重要组成部分。黄河文化造就了山东人包容、刚毅、淳朴、厚道、诚信、担当的精神品格。在中共山东省委、省政府的坚强领导下，山东各地认真贯彻落实习近平总书记关于黄河流域生态保护和高质量发展的重要论述精神，在扎实做好有关黄河文化的前瞻谋划、文艺创作、文化遗产保护、重点项目建设等重点工作方面取得了一定的成绩，在黄河文化的保护传承弘扬方面取得了一些积极的进展。目前，保护传承弘扬黄河文化，已经是我国重大国家战略的一部分，也是文化大省山东义不容辞的历史责任。山东地处黄河下游，但在经济发展、社会保障和文化传承等领域的工作一直在力争上游。

第一节　筑牢中华文明的“根”

黄河是中华民族的象征，黄河、黄土、黄帝、黄种人把中华民族自然和谐地融合在一起。黄河文化，从广义上讲，是指黄河流域广大劳动人民在从事黄河水事相关实践活动中创造的全部物质和精神财富总和。从狭义上讲，黄河文化是指黄河流域广大的劳动人民及千百年来所有在沿黄流域劳作的人们所具有的共同的精神诉求、价值取向、基本理念以及行为方式的综合，主要包括精神、理念、价值观以及制度等文化现象。其特点主要有：一是黄河文化是中华民族、流域劳动人民及历代黄河水利工作者共同创造的，其内容十分丰富；二是黄河文化主要是以黄河水事实践活动为载体，是河流给人的启示、灵感和体验，是河流价值的实现；三是黄河文化是物质与精神的统一、理念与实践的统一、显性与隐性的统一、人文与自然的统一、历史与现实的统一；四是黄河文化的实质在于精神、氛围，在于思想意识和价值观念。随着历史的演进，黄河文化不断适应时代进步，并不断被赋予新的内涵，对中华民族的伟大复兴所起的作用也将会越来越大。

一、黄河是中华民族的根脉，是齐鲁文化带的重要组成部分

黄河中下游流域是中华民族最主要的发源地之一，而且长期是中国历史上的经济与文化中心之一，所以黄河对中国的历史和文化具有非常重要的意义。

历代王朝建都黄河流域的史实为：夏朝定都阳城（今河南登封），商朝定都于亳（今河南商丘），后迁都于殷（今河南安阳），周朝定都于镐京（今陕西西安），秦朝定都于咸阳，西汉定都于长安（今陕西西安），东汉定都于洛阳，魏晋均定都于洛阳，隋唐均定都于长安（今陕西西安），宋朝定都于东京（今河南开封）。

黄河流域文化源远流长，连绵不断。黄河是我们民族的母亲河，经过亘古不息的流淌，孕育出世界最古老、最灿烂的文明。根据山西省芮城县境内黄河东岸西侯度遗址发现的 180 万年前远古人类用过的石器，可以相信：早在 180 万年以前，黄河流域已有人类在活动了。西侯度出土了 30 余件石制品，是迄今为止中国大陆

上发现的人类文化遗存中最早的代表。西侯度文化中用动物骨角制造工具和用火的资料，不仅在黄河流域是最早的代表，而且在国内其他地区和在世界上也是罕见的。

新石器时代，山东一带孕育了龙山文化和大汶口文化，这是黄河文化发展伊始的主要形态，与黄河中上游地区的马家窑文化、齐家文化、裴李岗文化、老官台文化、仰韶文化同为中华文明的组成部分。此后，在漫长的历史时期中，黄河文化在齐鲁大地上衍生出了多姿多彩的文化，包括农耕文化、治黄文化、移民文化、农垦文化、航运文化、生态文化、民俗文化、红色文化等文化内容，并与齐文化、鲁文化、泉水文化、泰山文化等山东地域文化交融在一起，成为齐鲁文化中不可或缺的重要元素。

二、黄河文化在山东的印记

黄河流经山东省的菏泽、济宁、聊城、泰安、德州、济南、淄博、滨州、东营 9 市的 25 个县（市、区），在垦利区注入渤海，河道长 628 千米。黄河自菏泽市东明县进入山东，在东营黄河三角洲入海。

（一）黄河入鲁第一市——菏泽

菏泽市北有黄河，南有黄河故道，处于新老黄河的三角地带，是黄河现行河道进入山东的第一站。菏泽市沿黄 156 千米，流经东明、牡丹区、鄄城、郓城 4 个县（区），里程约占黄河山东段的 1/5，滩地面积为 354 平方千米（约占山东境内黄河滩区的 47%），耕地 3 万多公顷，村庄 380 多个，人口 20 多万。菏泽大地上 300 余座堌堆，是中华先民最早的村庄或者城邑。按《禹贡》和《水经注》记载，古菏泽境内有菏泽、雷泽、大野泽、孟渚泽等四大古代名泽，还有黄河的支流菏水、济水、濉水、濮水、沮水、汳水、包水、汜水、大袮沟水、黄沟水、桀水（黄沟枝流）、句水和瓠子河等水系。大水浇灌了土地，也威胁着人们的生产、生活和生存，于是当地人们的定居点总是选择在水边的岗丘之上。由于河床的淤积和水泽的淤浅，为避免反复迁徙，人们又不断地向原居住的岗丘之上运土以增高宅丘，防备洪水侵害，久而久之，就形成了今天我们看到的先民生活遗址——堌堆。《辞海》中没有“堌堆”二字的组词，堌堆的原始名字在文献中称丘、陵、岗、台等。“堌堆”在江苏被称为墩、岗，在河南谓之丘、岗、冢，河北称之为台，我省的枣庄称其为台子、城子、埠子、古堆等。目前沿黄和黄河故道县区有4A级景区5家，省级旅游度假区1家，国家湿地公园3家，省级文化产业示范园区1家。沿黄河干流分布着牡丹传说、尧的传说、庄子传说、鲁西南鼓吹乐、商羊舞、大平调、山东琴书、佛汉拳、曹州面人、鄄城砖塑、鲁西南织锦技艺国家级非遗项目12项，孙膑传说、三皇舞、大洪拳、水浒拳、粮画、古筝制作技艺、黄泥古陶制作技艺等省级非遗项目49项；各级文保单位95处，已知文物点394处。沿黄河故道有曹县柳编、曹县江米人、鲁西南鼓吹乐、山东落子国家级非遗项目5项，曹县木雕、伊尹传说、山东渔鼓、花鼓丁香等省级非遗项目21项；各级文保单位80处。所以黄河流域是菏泽的文化富集区和生存家园。

（二）济宁

黄河河段在济宁全长31.21千米，孕育了灿烂的文化。近年来，济宁深掘黄河文化时代价值，统筹全域旅游空间，打造文化“双创”先行示范区。同时，保护修复贾堌堆等黄河人家、黄河滩区、黄河遗风景观，打造行走黄河体验基地。济宁优化空间布局，串联微山湖、南阳古镇、太白湖、十里画廊等文旅综合体，全力建设大运河国家文化公园，打造黄河生态休闲廊道。为优化整合优质景区资源，济宁还推出深度研学游产品，联合打造多元文化交流互鉴线路，以文旅融合推动黄河流域文化旅游高质量发展。

(三)聊城

黄河东西延绵中国北部5464千米,聊城的寿张便是黄河下游山东西首的一个古老县邑。黄河到了山东平原地带成为名副其实的“悬河”,在阳谷地段黄河河底高出地面10米,因此黄河以“善淤、善决、善徙”而著称,历史上向有“三年两决口,百年一改道”之说,从先秦到1949年,黄河决口泛滥达1953次,重要改道有26次,其中途经阳谷县(也指寿张)就有6次。阳谷县历史悠久、源远流长,是运河文化、黄河文化、齐鲁文化、中原文化、金瓶梅文化、水浒文化交融之地,为民间美术、传统工艺的留存提供了文化土壤,孕育了精雕细刻的阳谷木雕。阳谷木雕世家崇文尚艺,世代传承。

(四)泰安

泰安市北依山东省会济南,南邻孔子故里曲阜,东连临沂,西濒黄河。泰安因泰山而得名,寓意“国泰民安”。黄河下游支流大汶河自东向西流淌。5000年前,这里就曾出现繁盛一时的大汶口文化。我国最早的诗歌总集《诗经》中保存着描述泰山、汶水的古老诗句。数千年来,黄河文化、泰山文化、运河文化、民俗文化和水利文化在这里交相辉映,形成独具特色、底蕴深厚的地域文化。

(五)德州

德州市地处黄河下游冲积平原,德州之“德”源于“德水”,“德水”是秦代黄河别称,德州因黄河而生,因黄河而名,黄河带来的农耕文明厚植了德州的文化根脉,造就了德州的灿烂文化。历史上黄河多次改道,德州境内最早的黄河故道形成于2500年前,夏津段故道内现存的古桑树群是千百年来劳动人民防风固沙工程的伟大成就,这是自然界和祖先留给后人的珍贵财富,始终惠及当地百姓民生。2018年,黄河故道古桑树群被联合国粮农组织授予全球重要农业文化遗产，是山东省唯一入选项目。黑陶是龙山文化的代表器物，是黄河流域的典型文化符号。德州黑陶采用黄河下游冲积平原的胶土，经过十几道工序最终烧制而成，是国家级非物质文化遗产。改革开放以来，德州市深入挖掘黑陶的历史文化内涵，坚持创新发展，不断推进黑陶文化产业化。久远的文化渊源、传统的制作技艺、先进的艺术理念，使德州黑陶无论是产量还是质量始终居于国内领先地位，代表着中国黑陶的最高水准。德州不仅是中国现代黑陶的发源地，而且还成为全国技术力量最强、从业人员最多、产销能力最大的黑陶基地，“全国黑陶看山东，山东黑陶看德州”已是业内共识。德州黑陶作为展示中华优秀传统文化和对外文化交流的重要载体，其产业发展之路越走越宽广，传统工艺日益展现出新的时代风采。德州将黄河风物与休闲理念深度融合，成就文化旅游新高地。德州境内黄河长 62.5 千米，河窄弯多，风景别具一格，德州黄河水利风景区是国家级水利风景区。齐河是德州市唯一沿黄县，黄河北展区占地 63 平方千米，是 20 世纪 70 年代初国家为防黄河凌汛而修建的滞洪区。数十年限制开发，区内大河、林海、湿地、温泉、沙湖等地貌各异，自然环境优美，旅游资源丰富，为生态休闲产业发展提供了广阔空间。2008 年，国务院正式批复黄河北展区全面解禁，当地政府抢抓机遇，推动黄河文化与生态文明相融合，借助黄河北展区良好的生态环境、丰厚的文化底蕴和优越的区位交通，高标准定位规划建设了黄河国际生态城。黄河文化与运河文化构成了德州文化的主脉。德州市依托黄河资源，大力弘扬黄河文化，努力做好“黄河文章”，走出一条传承发展特色地域文化的崭新路径。德州境内黄河遗址与现代农业和谐共生，正在打造乡村振兴新样板。

（六）济南

黄河济南段是黄河下游最重要的流经区域，而在这个区域里蕴藏着丰富的黄河文化资源。黄河文化在济南突出表现在黄河变迁史和发展史、航运史，以及在黄河两岸发现的多种类型的考古发掘，民间遗存的丰富的黄河故事、曲艺等等。在黄河泺口段，还“隐藏”着古代治黄碑刻、百年水文站、泺口水利枢纽、泺口码头遗迹等众多的黄河文物和遗址。仅在泺口段，近年来就发现了众多的各类黄河遗址、文物、旧物、故事以及各种相关人物的文化遗存，极大地丰富了黄河文化。这个区段可以说是济南黄河文化最典型、最集中、最丰富的区域，是再现当代“鹊华秋色图”的核心区。

黄河文化经过5000多年的不断深化和发展，资源优势突出，而在济南段就拥有历史文化、文物文化、民俗文化、科技文化、旅游文化、工程文化、非遗文化、红色文化以及民间多种文化产业等，这些宝贵资源均可以成为济南市在新时期深化和打造黄河文化旅游的重要抓手。黄河文化蕴含的精神内涵具有重要的时代价值，对中华民族的伟大复兴具有重要意义，这决定了保护、传承和弘扬黄河文化的必要性。近年来，济南对于挖掘、研究、推进黄河文化的工作一直紧抓不放。

（七）淄博

黄河从高青县黑里寨官庄进入淄博境内。滔滔黄河在高青的臂弯之处，拐过了第九道湾——安澜湾。自此，温驯、从容的河水，一路向东，流入大海。高青是淄博市唯一的沿黄县，黄河过境47千米，工业农业、城市建设、乡风民俗等经济社会各方面，都因长期经受母亲河乳汁的浸润，形成了黄河文化与齐文化交相辉映的独特格局。高青县在黄河资源保护开发方面作出了积极探索与创新实践，创建了黄河流域第一座国际慢城——天鹅湖温泉国际慢城，打造了黄河旅游资源开发的典范工程——黄河安澜湾景区，创造了黄河流域高质量发展的高青模式。淄博市突出抓好生态环境保护和文旅农旅融合发展，坚定走绿色、可持续的高质量发展之路，坚持依托黄河文化旅游资源禀赋，把资源优势转化为发展优势。高青作为淄博市唯一沿黄县，为保护传承黄河文明，讲好黄河故事作出了积极探索，是淄博市对外宣传黄河文化、展示黄河资源保护开发成果的重要窗口。

（八）滨州

滨州是一座特殊的城市，黄河穿城而过，自邹平市西北部入境。黄河横贯滨州，境内长度 94 千米。100 万年前，黄河便已进入山东，西周定王之后，文献对黄河的改道也都有着详细的记载。黄河与济水作为古代官方祭祀的两条主要河流呈一南一北的态势流经滨州，这在其他地方非常罕见。

滨州也是一座幸运的城市，黄河赐予滨州一条得天独厚的绝美黄河风情带。黄河流域生态保护和高质量发展是新时代赋予黄河沿岸城市的责任使命，滨州市作为黄河下游一座依水而建、缘水而兴、因水而美的城市，正在致力打造黄河流域的“明珠城市”，努力将滨州打造为黄河生态环境保护的新样板，黄河水资源节约集约利用的新标杆和黄河流域高质量发展的新高地。

（九）东营

东营市虽为新建城市，却又历史悠久、文化荟萃，既有传统的古齐文化、孙子文化、移民文化，又有现代的石油文化、红色文化、农垦文化、生态文化，还有独具特色的吕剧文化、地方风俗、民间传说等，但最具代表性、独特性的是黄河在这里入海而形成的黄河口文化。黄河口是东营最为显著的地理标志和城市名片，而黄河入海处的黄河口文化是黄河文化在黄河入海口地区所呈现的地域文化形态，既是东营地区特色文化的集合，也是黄河文化在入海之地的文化呈现形态，具有地域性、主体性、丰富性、开放性、传承性等特征，是东营地区治黄文化、生态文化、农耕文化、渔盐文化、石油文化、兵家文化、吕剧文化、名人文化、移民文化、革命文化等特色文化的集成与提炼。

中华民族先祖所创造的黄河文化在齐鲁大地上留下了深深的烙印和深厚的历史积淀，是养育千千万万齐鲁儿女生生不息的生命源泉和文化根脉。万里黄河浩浩荡荡奔腾穿越齐鲁大地，留下了孕育亿万齐鲁儿女的辉煌文化足迹。

第二节　坚守中华民族的“魂”

在我国5000多年文明史上，黄河流域有3000多年是全国政治、经济、文化中心。九曲黄河，奔腾向前，以百折不挠的磅礴气势塑造了中华民族自强不息的民族品格，是中华民族坚定文化自信的重要根基。在抗日烽火中沿河岸边唱响的“黄河大合唱”曾经激励了无数中国进步青年奔赴抗日战场，留下了多少可歌可泣的英雄故事，到“遥远的东方有一条龙，它的名字叫黄河”，黄河母亲和黄河文化仍将在新时代激励我们为中华民族的伟大复兴交出新时代的合格答卷。作为沿海经济文化大省，山东既有齐鲁文化的深厚底蕴，又有岱青海蓝的灵秀山水、得天独厚的文化和旅游资源优势。基于对自身文化资源的认识，山东在文旅融合上作出了努力，也取得了明显的成效，“十三五”时期山东文化和旅游融合发展迈出了坚实的步伐，并针对“十四五”时期的新发展积极探索新思路。

一、文化是一个国家精神面貌的总体呈现

文化由社会意识形态和人类精神世界构成，是一个社会最深层次的心理结构和观念意识，涉及人的信仰、信念、观念、知识、伦理、行为、审美观、价值观等。在文化建设过程中，我们要通过思想、文学、艺术等形式的传播引导社会的发展方向。高质量的文化传播可以向国际社会呈现我国的总体精神面貌，展现中国悠久的历史、民族的精神、民众的奋斗，树立蓬勃向上的国家精神形象。文化作为一种整体存在，是由复杂多元的部分构成的。“文化堕距”是指社会变迁过程中，文化集丛中的一部分落后于其他部分而呈现呆滞的现象，亦称“文化滞后”或“文化落后”。文化的两个或多个部分，由于变化的时间和程度不一致，导致彼此间的协调性降低。但超前的意识往往能带来创新。文化带来创新理念，启发创新智慧，进而驱动发展。而从“文化”概念在传统文化中的意蕴来看，如《礼记·大学》所云，是“苟日新，日日新，又日新”的，中国文化更是有创新的特质的。文化，要以“文”来“化”。黄河文化，其“团结、务实、开拓、拼搏、奉献”的精神特质与流域经济社会高质量发展理念有着高度的契合和深度的延展。准确把握黄河文化的内涵和精神实质，能够唤起黄河流域齐鲁儿女复兴优秀传统文化的使命感，增强对黄河文化的集体认同，构筑齐鲁文化发展的新高地，大大提高山东文化软实力，为助推山东黄河流域高质量发展提供新的思想动力和精神支撑。黄河文化是中华文明的重要组成部分，是中华民族的根和魂。黄河不仅是一条自然之河，而且还是人文之河。

从地理角度看，山东沿黄地区自然景观资源丰富，农耕文化、治黄文化、移民文化、农垦文化等文化区域分布广泛，各类民俗文

化多姿多彩。这些种类丰富、独具特色的文化资源，让山东境内的黄河文化拥有了独特魅力。山东黄河流域文化旅游资源富集，推动黄河流域生态保护和高质量发展优势突出。山东共拥有世界遗产 4 处，列入中国世界文化遗产预备名单 1 处，国家历史文化名城 6 座，全国重点文物保护单位 141 处，不可移动文物近 1.7 万处，人类非遗代表作名录项目 3 个，国家级非遗代表性名录项目 118 个，A 级旅游景区 622 处，旅游度假区 13 处。山东省文旅厅突出顶层设计，精心组织编制了《黄河文化保护传承弘扬规划》《黄河文化旅游带总体规划》和《黄河流域非物质文化遗产保护传承弘扬规划》等一系列规划，着力构建“一轴两带贯通、九大组团联动”的发展格局。“一轴”，即黄河干流文化旅游融合发展轴；“两带”，即齐鲁优秀传统文化“两创”示范带、黄河故道生态文化协同发展带；“九大组团”，包括黄河入海、黄河入城、黄河济运、黄河入鲁四大片区，曲阜、泰山、临淄三个传统文化高地，以及九河故道、微山湖两大生态文化集群。同时，山东省还突出遗产保护，守好黄河文化根脉。在文物保护方面，实施定陶汉墓、济南明府城等一批重大文物保护工程，做好焦家遗址、铁门关遗址等考古发掘工作。推动黄河干支流线性文化遗产廊道建设，对东平湖三河六岸、济南百里黄河遗产带、入海口盐业遗址群等重点区域进行集中连片保护。在非遗保护方面，积极推进龙山、曹州、泰山、邹鲁等文化生态保护区建设，开展文化生态名村名镇评选，发起成立“黄河流域振兴传统工艺城市共同体”。

二、突出遗产保护，守好黄河文化根脉

根据国家、省黄河文化保护传承弘扬工作部署，山东省黄河文化保护传承弘扬主要包括黄河文化遗产保护、黄河主题文艺创作、

黄河文化旅游产业发展、黄河文旅品牌打造、黄河文化研究阐发等方面。山东黄河流域遍布北辛、大汶口、龙山、岳石及夏商文化遗址遗迹，史前文明成果丰富，黄河故道、防洪河道、岗丘堌堆、防洪堤坝等遗址遗迹众多。对于这些遗址遗迹，必须予以重新审视和梳理。应突出山东黄河入海口文化及其衍生文化的特色，准确把握文物、遗址遗迹及非遗等各类遗产的特性，妥善处理保护传承与活化利用之间的关系。山东黄河流域文化旅游资源富集，推动黄河流域生态保护和高质量发展优势突出。山东沿黄地区拥有200多项非遗项目，其中，鼓子秧歌、黑陶烧制技艺、黄河打夯号子、沿黄区域节庆习俗、农事节事活动等，均具有独特的山东黄河文化特性。对于这些非遗项目，需要厘清类别，分析其活化发展空间大小，以确定开发投入力度及发展规模，并根据其分布确立创意产业吸收利用的核心区和文化带，将非遗项目与文化创意产业相结合。黄河三角洲承载着源远流长的黄河文化，又植根于厚重的齐鲁文化大地之上。深入辨析黄河文化与齐鲁文化的历史源流，有助于形成文化合力，共同促进黄河三角洲的社会繁荣。我们既要深挖黄河文化的历史根源，又要洞悉齐鲁文化的发展脉络，使二者相辅相成、相得益彰。源远流长的黄河文化是中华文明的重要代表，黄河文化不仅使齐鲁文化与黄河流域其他地域文化密切相关，而且还为齐鲁文化与周围以及中原、西部地区的交流互动提供了重要渠道和途径。博大精深的齐鲁文化是中华文明的重要组成部分，而源于齐鲁文化的儒家学说逐渐成为中国古代社会思想的主流。所以齐鲁文化不仅是黄河文化中亮丽多彩的一员，而且还极大地丰富了黄河文化的思想内涵。齐鲁文化和黄河文化相会于齐鲁大地，水乳交融，密不可分，这让齐鲁文化拥有了黄河文化的宏伟壮丽，也让黄河文化吸收了齐鲁文化的厚重朴实。因此，要深入探寻黄河文化与齐鲁文化碰撞交流的历史轨迹，着力揭示齐鲁文化与黄河文化的时代价值，从中寻觅人与自然和谐共生之道，以期促进黄河三角洲的高质量发展。文化是沟通历史与现实的桥梁，文化软实力是促进黄河三角洲高质量发展的内在驱动力。黄河文化过去是，未来仍将是激励中华儿女奋勇向前创造新时代辉煌业绩的力量源泉。

第三节　挖掘黄河文化的时代价值，讲好黄河文化的山东故事

习近平总书记指出："黄河文化是中华文明的重要组成部分，是中华民族的根和魂。"[①]总书记的论断从战略高度指明了黄河文化的本质属性和黄河文化的时代价值。习近平总书记强调，黄河文化是中华文明的重要组成部分，是中华民族的根和魂，要推进黄河文化遗产的系统保护，深入挖掘黄河文化蕴含的时代价值，讲好"黄河故事"，延续历史脉络，坚定文化自信，为实现中华民族伟大复兴的中国梦凝聚精神力量。

一、坚持文旅融合发展道路，构建山东特色的旅游品牌体系

山东要坚持走文旅融合发展的道路，充分挖掘、保护、开发好山东独特的黄河文化和深厚的红色文化，让文化为旅游注入生命力和吸引力，从而带动山东沿黄流域经济文化同步发展。齐鲁文化具有自身的特色。山东特色的文化资源以往素有"一山一水一圣人"之说。此说虽有不足，因为具有山东特色的文化资源远远不

① 习近平.在黄河流域生态保护和高质量发展座谈会上的讲话[J].求是，2019(20)：4-11.

止于此，但其说也有特别的价值，即高度概括。而且，此三个典型文化案例泰山（一山）、黄河（一水）、孔子（一圣人），实际上代表了三种文化类型：泰山代表文化遗存类型，黄河代表生态遗产类型，孔子代表思想文化类型。因此，围绕自然风光、人文遗迹以及留存于典籍中的思想文化，进行深入的文旅融合研究，是非常可取的。但传统思路显然无法满足时代要求，新的探索须在新发展理念的贯彻下，更加注重从整体布局到具体实践的操作。“黄河入海的地方”是山东在整个黄河流域的突出特色，也是打造文化旅游品牌的重要抓手。因此，可以从这个角度，深入挖掘黄河三角洲生态文化资源，承接历史文脉，以黄河水利工程、治水遗址为依托，建设水利风景区，发展以黄河入海、湿地旅游、农耕体验、科普研学、休闲度假为主体的生态文化旅游。具体说来，围绕生态文化旅游，可以设计启动黄河湿地公园、地质公园、黄河故道森林公园等具有黄河文化特征的旅游项目，打造以黄河风貌旅游为主题的体验空间、黄河入海人文生态旅游度假圈等，实现黄河文化特征与旅游活动创新的高度契合，形成新的旅游业态。高标准建设山东黄河国家文化公园（或者山东黄河口国家文化公园）。在此国家公园的建设过程中，要充分调动地方的积极性，突出山东黄河流域文化特别是黄河口文化的优势和特色，在新时代的黄河大合唱中彰显齐鲁文化的强大声音。推动黄河国家文化公园建设，是贯彻落实习近平总书记重要指示批示，落实山东省第十二次党代会“走在前、开新局”[①]目标任务的客观要求，是建设新时代文化强省，推进文化“两创”的重要举措。

---

① 李干杰.牢记嘱托走在前　勇担使命开新局　为建设新时代社会主义现代化强省而努力奋斗——在中国共产党山东省第十二次代表大会上的报告（2022 年 5 月 28 日）[N].大众日报，2022-06-10(01,03).

山东沿黄地区与许多革命老区存在相互交叠之处。对于这部分沿黄地区，应充分挖掘山东作为革命老区的红色文化资源，建设重点红色文化旅游经典景区，开展红色旅游节庆纪念活动，形成独具山东特色的"黄河文化＋红色文化"旅游品牌体系。创建黄河红色文化博物馆。以黄河文化为引领，统筹推动儒家文化、大运河文化、泰山文化、齐文化、海洋文化和红色文化的创新融合发展。

总之，齐鲁大地人人皆可成为非遗文化传承人。同时，秉持"保护为主、抢救第一、合理利用、传承发展"的理念，把黄河非遗文化融入黄河国家战略，积极探索、努力开创黄河非遗文化保护与传承的科学路径。如创建黄河非遗文化公园、山东黄河流域遗产廊道，构建山东特色黄河非遗文化带。

中共山东省委、省政府高度重视文化和旅游融合发展事业，出台了一系列旨在鼓励各地多措并举奋力推进文旅融合发展的文件。2020 年 4 月 7 日，山东省人民政府召开常务会议，研究的重要事项中就包括文化旅游融合发展方面的工作。会议强调，要推动山东省文化与旅游深度融合，在资源共享、优势互补、协同共进上下功夫，加快文化旅游与一、二、三产业跨界融合，拓展优化文化旅游产业链，培育发展新业态，增强文化旅游发展新动能。要大力实施文化旅游精品工程，丰富产品供给，提升服务质量，加快打造全域旅游示范省、文化旅游融合发展新高地、国际著名旅游目的地。山东要积极应对新冠肺炎疫情影响，落实好各项支持文旅产业发展的政策措施，促进文旅消费回补和行业恢复，尽最大努力把疫情造成的损失抢回来。山东印发《山东省文化旅游融合发展规划(2020～2025 年)》，着力打造"好客山东"升级版，开创文化旅游强省建设新局面。全省各地已经建成或正在招商建设的文旅项目有很多。有的城市提出了要把发展旅游业特别是精品旅游业作为突破发展现代服务业重要切入点，要求用精品旅游助推精致城市建设，用精品旅游业的发展倒逼城市功能的完善和城市品质的提高。有的地方提出了以深度开发文化旅游资源，加快推进重点项目建设作为推动文化旅游融合发展的目标。有的城市制定了宜融则融、能融尽融、以文促旅、以旅彰文的策略，深度挖掘地方丰富的历史文化资源。但有的地方制定了宏大的招商计划，设立了动辄数千万元、数亿元乃至数十亿元的投资目标，却没有注重挖掘当地文化特色。有的临近城市设计有内容和主题相似的文旅大项目，而消费目标人群定位不够明确。有的地方更注重在“硬件”上下功夫，而在“软件”上诸如从业人员培训、对民众的文化普及和文明教育方面缺少计划和措施。

在新发展的要求下，在经济社会发展的各个方面，文化都起到了潜移默化的作用。而与文化产业密不可分的旅游产业，更是在文化与旅游一体化的基本形态下实现了发展。文化和旅游深度融合是“诗和远方”的牵手相伴，有了文化的加持，旅游就有了内涵；有了旅游的赋能，文化会更加生动。揽山水之幽，得人文之胜，促进文旅相伴相生、共生共荣，已成为满足人们拥抱“诗和远方”、实现更高品质生活追求的必然选择。旅游以文化为灵魂，文化借助旅游为载体；文化成为旅游的核心资源，旅游成为文化的重要市场。

文旅融合让城市更美好，让乡村更兴旺。有了文化底色和秀美山水，文化与旅游完美融合，才会有更美丽宜居的城市乡村，也更加彰显出一个地方的魅力和特色。文化已经成为一座城市具有强大影响力和吸引力的重要资本。而在发展乡村旅游中注重挖掘传统文化、红色文化、影视文化，开发乡村游品牌，则是文旅融合携手乡村振兴的重要举措。提升文旅融合，突出特色，激发消费，实现文化事业和旅游产业的深度融合与协调发展，进而提升齐鲁文化的影响力。加强对省内文化旅游消费城市和地方重大文旅项目的省级统筹协调，打通文化和旅游消费“最后一公里”。把创新文旅深度融合发展的多样化作为乡村振兴的重要途径之一。在我省文旅融合发展的过程中要进一步重视和加强各地的“窗口”建设，加强对文旅融合重点城市和项目相关人员的专业培训。借助目前“博物馆热”的风潮，善于抓住机遇及时做好齐鲁文化的宣传；借助文物讲好“山东故事”，助力我省文旅融合事业的大发展。在深入科学研究的基础上，探索以齐鲁文化名人为切入点的文旅融合路径。旅游让文化“活起来”，在具体的场景（如文物、遗迹、自然环境）中感受文化的存在，更能使人感受文化的巨大力量，由此增强和彰显文化自信，统筹文化事业、文化产业发展和旅游资源开发，提高国家文化软实力和中华文化影响力，推动文化事业、文化产业和旅游业融合发展。

二、采用新的技术手段创新弘扬黄河文化，创出黄河文化的山东品牌

在当前融媒体时代的快速发展中，多元化的媒体平台应运而生，为我国优秀传统文化的传播提供了全新的路径。但是与此同时，融媒体时代下人们的思想观念也很容易受到外来文化的影响和侵蚀，对于优秀传统文化产生一定的影响。面对复杂的社会环境，我们还要利用融媒体的技术和平台优势，创新优秀传统文化的传播路径和平台，让优秀传统文化充分展现自身价值，引领全社会精神文明的发展。与时偕行，开发全新的文化融媒体平台。在媒体时代，中华优秀传统文化的传播交流需要充分借助和依靠现代化的融媒体平台和信息技术手段，可以利用当前微信、微博以及多

元化的互联网平台共享中华优秀传统文化，让传统文化实现更好地传播交流。可根据社会受众的信息需求特点，让传统文化以更加精炼的方式来表达，更加贴近当前的互联网群众心理，获得互联网群体的认可和关注。通过组织形式多样的文化传播活动，充分实现文化的线上与线下整合。

（一）尝试利用多维动画设立虚拟考古场馆和场景，运用创意理念和产业有效整合“大遗址”资源

建立大遗址公园，使人们在延展广阔的空间范围内领略黄河历史文化的风貌。此外，还可以采取建设黄河文化遗产博物馆等措施，通过数字化、智慧化、低碳化等现代科技手段，减少旅游参观活动对遗址遗迹的破坏。这样，既可以扩大黄河遗产的文化影响，又可以反哺对文物资源、遗址遗迹的保护。在这个过程中，应尽量避免独立开发，注重突显集聚效应，形成上下互动的产业链，让有规模、有黄河文化底蕴的创意产业发挥带头引领作用，通过品牌结构调整优化，塑造良好的品牌形象，构建山东黄河文化品牌体系。

（二）明晰文化旅游的概念，以“文化＋设计”引领新发展

“创意”堪称文化旅游的核心理念。山东文化旅游产业发展要走在全国前列，文化创意产业和精品旅游产业被列为全省新旧动能转换“十强产业”，文化创意产业要持续转型升级。创意的本质在于寻求特色和差异，与旅游的本质一致。济南国际创新设计产业园即“点铁成金”的工业遗产的活态展示。历史悠久的淄博市作为国家历史文化名城，齐文化是其最为靓丽的城市文化名片，具有不可估量的历史价值和当代价值，在齐文化的发祥地开发旅游，必须基于地方历史文化特色资源。因此，淄博市实施文化赋能，全面提升城市文化软实力，努力扩大齐文化国内外的影响力，全力塑造超级文化 IP。

(三)实施黄河文化遗产系统保护工程,打造具有国际影响力的黄河文化旅游带

发挥山东半岛城市群龙头作用,深化与沿黄省份交流合作,探索建立区域协作机制,勇当黄河流域对外开放的桥头堡和高质量发展的排头兵。近年山东打造了“好客山东”等知名旅游品牌,即是在文化和旅游深度融合上的探索。此举旨在用文化的养分滋养旅游,用旅游的载体繁荣文化,进一步促进全省文化旅游产业高质量发展,让人民群众共享社会进步、文化传承和旅游发展的成果,满足广大群众对更美好生活的向往和期待。

三、举办世界大河文明论坛,搭建国际文化交流新平台

2014 年 2 月 24 日,习近平总书记在中共中央政治局第十三次集体学习时的讲话中明确强调:“要处理好继承和创造性发展的关系,重点做好创造性转化和创新性发展。”①在“两创”基础上实现中华文化“走出去”,需要我们进一步创新形式,转化传播方式,搭建新的文化平台,夯实人类命运共同体的文化基石。

加强国际大河文化交流,走出去举办黄河文化展演、美术作品展览和黄河文物交流互展等等国际交流活动。加强顶层设计,发挥政府引领、学术引导、各界广泛参与的战略模式,扩大文化对外交流的格局。近年来,我省深入挖掘山东丰富的黄河文化资源,组织创作了传记文学《黄河传》、故事影片《高家台》、纪录影片《大河流日夜》等一批精品力作。在舞台艺术创作方面,我省推出吕剧《大河开凌》、山东梆子《梦圆黄河滩》、杂技情景剧《强渡黄河》等一批优秀作品。在美术创作方面,举办“黄河入海流 · 山东省黄河文

① 习近平.论党的宣传思想工作[M].北京:中央文献出版社,2020:57.

化主题美术作品展”等系列展览，全面展示黄河文化主题美术创作新成果。在文化遗产展览展示方面，策划举办《大河上下·黄河流域史前陶器展》等文物展览。

文化因交流而多彩，文明因互鉴而丰富。文明交流互鉴，是推动人类文明进步和世界和平发展的重要动力。通过开展丰富多彩的世界大河文明交流互鉴活动，逐渐在中外文明的互通互鉴中引导人们更加全面客观地认识历史的中国、当代的中国，成为讲好中国故事、讲好黄河文化，在国际上更好地传播好中国声音的“代言人”。山东省要更好地服务“一带一路”倡议和“人类命运共同体”等国家战略。“天下大同”的理念彰显了中国负责任的大国形象，顺应了当今世界发展的整体趋势，符合全人类的共同利益，必将获得广泛认同，进而造福于全人类。而世界大河文明的交流可以成为连接各国人民友谊和文化交流的桥梁和纽带。

四、结语

黄河是我们的母亲河，黄河文化是中华民族的根与魂，也是新时期经济发展的强大动力。2021 年 10 月 22 日，习近平总书记在济南市深入推动黄河流域生态保护和高质量发展座谈会上强调，要“咬定目标、脚踏实地，埋头苦干、久久为功”“为黄河永远造福中华民族而不懈奋斗”[①]。时至今日，我们更应大力弘扬黄河精神，以黄河精神来指导社会事务，实现以黄河精神为代表的传统文明与当今的开放时代特征相融合，守住民族的根基。《求是》杂志刊发了习近平总书记在十九届中央政治局第三十九次集体学习上的重要讲话《把中国文明历史研究引向深入，增强历史自觉，坚定文化

① 习近平在深入推动黄河流域生态保护和高质量发展座谈会上强调 咬定目标脚踏实地埋头苦干久久为功 为黄河永远造福中华民族而不懈奋斗[N]，人民日报，2022-06-10(01).

自信》，指出"史者，所以明夫治天下之道也"，再次强调"要尊崇历史、研究历史，确立历史思维，传承中华优秀传统文化"①。所以我们要传承发扬新时代的黄河文化，首先要认真学习研究好灿烂的黄河历史文化遗产，这样才能真正懂得珍惜中华优秀传统文化，更好地保护和弘扬黄河文化。

① 习近平.把中国文明历史研究引向深入，增强历史自觉，坚定文化自信[J].求是，2022(14)：4-8.

第十章　绘就黄河下游高质量发展的齐鲁画卷

黄河国家战略提出以来，山东省在认真学习贯彻习近平总书记相关重要讲话和重要指示批示要求、党的十九届五中全会精神的基础上[①]，全面落实国家《黄河流域生态保护和高质量发展规划纲要》部署要求，首先明确了区域发展定位，积极推动山东省黄河战略规划编制和实施，深入研究谋划如何在推动黄河流域生态保护和高质量发展中发挥龙头作用，突出问题导向，在加强黄河流域生态保护、聚焦动能转换、提高发展质量、促进区域协调发展、推动黄河国家战略在山东贯彻落实中取得了阶段性成效。

第一节　黄河流域山东段的功能定位

黄河发源于青藏高原巴颜喀拉山北麓，一路流经青海、四川、

① 习近平.在黄河流域生态保护和高质量发展座谈会上的讲话[J].求是，2019(20)：4-11.

甘肃等9省(区),在山东省东营市垦利区注入渤海,干流全长约5464千米。在山东,黄河流经菏泽、济宁、泰安、聊城、济南、德州、滨州、淄博、东营9市,共25个县(区)。山东境内黄河长度为628千米,约占黄河总长度的11.5%。山东省沿黄九市面积总计82205平方千米,占全省总面积的52.06%;2019年年底,九市总人口5432.79万,是全省总人口的53.95%;地区生产总值34185.02亿元,为全省的48.51%。

黄河从山东入海,在黄河流域生态系统中,黄河口三角洲是世界上最年轻的湿地系统,是生物多样性保护的重要生态功能区,构成黄河流域重要生态屏障。在推动黄河流域高质量发展上,习近平总书记明确提出要"发挥山东半岛城市群龙头作用,推动沿黄地区中心城市及城市群高质量发展"[①]。这是基于对山东区位优势、开放优势和发展优势科学分析的基础上作出的重大判断,为山东贯彻落实黄河战略明确了定位、指明了方向,山东提出了"地处黄河下游,工作力争上游"的高质量发展目标。[②] 在传承弘扬黄河文化方面,齐鲁文化是黄河文化的重要组成部分,山东是齐鲁文化的发源传承之地,肩负着讲好黄河故事,传承好、弘扬好黄河文化的重任。

一、黄河下游的重要生态功能区

山东沿黄地区湿地总面积约9700平方千米,包括沼泽湿地、近海与海岸湿地、湖泊湿地、人工湿地、河流湿地等。湿地中有

① 本报记者.抓好黄河流域生态保护和高质量发展 大力推动成渝地区双城经济圈建设[N].人民日报,2020-1-4(001).

② 刘家义.地处黄河下游 工作力争上游[J].求是,2019(21):39-42.

90 个被列为各类自然保护地，面积 7400 平方千米。① 黄河三角洲是由黄河携带的泥沙在入海口沉积而形成的冲积平原，是中国造陆速度最快的河口三角洲之一。黄河三角洲湿地面积为 1130 平方千米，占自然保护区面积的 74%，湿地内栖息鸟类 265 种。黄河三角洲为海陆交界、咸水和淡水交汇地带，在海洋和大陆的交互作用下，形成了滨海湿地、沼泽湿地、河流湿地、人工湿地、湖泊湿地等多种湿地类型。黄河三角洲湿地位于我国温暖带，拥有丰富的生物，是不可替代的重要生态区域。湿地和自然保护地在抵御洪水、涵养水源、调节气候、降解污染物和保护生物多样性等方面发挥着重要作用，是黄河下游重要的生态功能区。

水是生命之源、生态之基。山东省内黄河流域水系丰富，较大的一级支流有大汶河、金堤河、玉符河、北大沙河等 11 条（流域面积 50 平方千米以上），除金堤河为跨省河流外，其余支流均不跨省界，主要集中在泰安、聊城、济南境内。山东省黄河流域内的湖泊主要是东平湖，位于东平县境内，是黄河流域唯一的重点滞洪区，东平湖老湖区防洪库容 12.28 亿立方米，新湖区防洪库容 23.67 亿立方米，总蓄水面积 632 平方千米。近十年来，黄河干流每年为山东供水 70 亿立方米，占山东省供水总量的 30%以上。② 其中，农业用水、工业和生活用水、生态用水所占比例分别为 69.1%、26.7%、4.2%。山东省设有 37 处城镇引黄水源地，在全省 16 市中，除枣庄、日照、临沂外的 13 个设区市 115 个县（市、区）使用黄河水，供水范围内人口超过 8000 万。作为山东最主要的客水资源，黄河

① 山东省政府新闻办.省政府新闻办举行新闻发布会 介绍推进黄河流域生态保护和高质量发展有关情况[R/OL].(2020-09-25).http://www.shandong.gov.cn/.

② 山东省政府新闻办.省政府新闻办举行新闻发布会 介绍推进黄河流域生态保护和高质量发展有关情况[R/OL].(2020-09-25).http://www.shandong.gov.cn/.

在山东经济社会发展中体现出重要的生产生活价值和生态功能价值。

二、黄河流域的高质量发展龙头

山东省在黄河流域具有独特的地理区位和对外开放优势，近几年通过实施新旧动能转换和科技创新，在陆海统筹、海洋强省建设和乡村振兴等方面具备了新的优势。山东省的地区生产总值、工业总产值、进出口总额等主要经济指标均居沿黄省区首位，对沿黄9省(区)的高质量发展辐射带动作用明显。

近年来，山东省人口规模稳定增长，成为全国唯一常住人口和户籍人口“双过亿”的省份，2019年常住人口城镇化率达到61.51%。2019年，山东省经济总量在沿黄九省(区)经济总量中的占比达到32%，常住人口占沿黄9省(区)人口总量的24%，进出口总额占沿黄九省(区)进出口总额的50%以上。[①] 2020年，山东省生产总值达到7.3万亿元，比上年增长3.6%。人均生产总值超过1万美元；三次产业结构由2015年的8.9∶44.9∶46.2调整为2020年的7.3∶39.1∶53.6；一般公共预算收入6559.9亿元；2020年进出口总额2.2万亿元，同比增长7.5%，比全国进出口总额高5.6%；实际使用外资176.5亿美元，同比增长20.1%，比全国高15.6%。[②] 山东沿黄地区资源能源丰富，分布有丰富的煤炭、石油资源。胜利油田是我国的第二大油田。沿黄地区在有色金属冶

---

① 山东省政府新闻办.省政府新闻办举行新闻发布会　介绍推进黄河流域生态保护和高质量发展有关情况[R/OL].(2020-09-25).http://www.shandong.gov.cn/.

② 山东省统计局、国家统计局山东调查总队.2020年山东经济运行逆势上扬　高质量发展行稳致远[R/OL].2021-01-22.http://tjj.shandong.gov.cn/art/2021/1/22/art_6109_10284583.html.如无特殊说明，本章数据均来源于国家统计局和山东省统计局发布的各年度统计公报和统计年鉴。

炼、稀土工业领域具有优势。山东省具有坚实的工业基础，工业门类齐全，是全国唯一一个拥有全部联合国所划分的41个工业大类的省份，是名副其实的工业大省和制造业大省。“古来黄河流，而今作耕地。”山东沿黄地区主要为农产区，是全国的“粮棉油之库，水果水产之乡”。山东省的小麦、棉花、花生、麻类、蔬菜、海产品、蚕茧和药材等生产在全国占有重要地位，4个粮食总产过90亿斤的市全部属于沿黄地区。综上，丰富的能源、资源分布，坚实的产业发展基础和现代农业发展优势，为山东发挥黄河流域高质量发展龙头作用提供了基础保障。

三、黄河文化的发源传承弘扬地

黄河文化是中华文明的源头性、代表性文化，承载着中华民族基因，流淌着中华民族精神。山东不仅是黄河下游的重要生态屏障、带动黄河流域高质量发展的龙头，同时还是黄河文化中齐鲁文化的发源地、传承地和弘扬地。滔滔黄河哺育着齐鲁儿女，也孕育了齐鲁文化。山东是中华文明的发源地，是齐鲁故都、孔孟故里，素有“孔孟之乡”“礼仪之邦”的美誉。省内分布着东岳泰山、天下泉城和孔府孔庙等历史人文和风景名胜。千百年来，泰山文化、运河文化、泉水文化、儒家文化和海洋文化等在齐鲁大地融合发展，并不断被赋予新的时代内涵，是黄河文化的重要组成部分。在漫长的社会生产和发展中，齐鲁文化既通过黄河吸纳了中西部不同地域文化的有益成分，又借助黄河文化将自己融入中华文明之中。

第二节　黄河流域山东段的实践举措

黄河流域生态保护和高质量发展上升为重大国家战略以来，

山东积极推动战略落地落实，明确了沿黄地区发展的思路目标，提出了生态保护和高质量发展的重点任务、政策措施和一系列工程项目。着力发挥山东半岛城市群龙头作用，构建起“一群两心三圈”区域发展格局。在科学编制规划，加强黄河流域生态环境保护，引导产业科技创新、培育壮大发展新动能、提高发展质量，改善沿黄地区群众生产生活环境，提高民生福祉等方面取得了明显成效。

一、开展黄河调研，科学编制规划

山东紧紧抓住黄河国家战略的历史机遇，以此推动各项工作“走在前列、全面开创”，高度重视规划编制工作，成立了规划领导小组。刘家义（原省委书记）多次主持专题会议研究推进，并亲自推动沿黄市、县普查调研，组织了 25 个调研小组分赴山东沿黄 25 个县（市、区），围绕生态保护、污染治理、黄河安澜、水资源利用和黄河文化等 7 个专题进行摸底式调研，调研成果全面反映了沿黄地区生态环境和产业发展情况，为落实国家战略提供了重要支撑，为规划初稿的修改和完善提供了现实依据。[①]

为了增强规划编制的科学性和前瞻性，山东组建了由 6 位“两院”院士领衔的规划编制咨询委员会。规划编制过程中充分征求了国家发展改革委、科技部、生态环境部、自然资源部、黄河委员会等相关部门的意见，把贯彻落实习近平总书记对山东工作的指示要求、发挥山东半岛城市群龙头作用贯穿到规划编制过程的始终。为了提高规划的系统性和一致性，注重统筹协调山东省黄河流域生态保护和高质量发展规划、山东半岛城市群发展规划和山东省

① 山东省政府新闻办.省政府新闻办举行新闻发布会 介绍推进黄河流域生态保护和高质量发展有关情况[R/OL].(2020-09-25).http://www.shandong.gov.cn/.

“十四五”规划纲要三个重点规划的编制工作，把十九届五中全会精神和国家“十四五”规划纲要要求全面、系统地落实到规划中，做到在指导思想、战略定位、目标任务和重大工程等规划内容上有机衔接。2021年1月，中共山东省委、省政府印发了《山东省黄河流域生态保护和高质量发展规划》，掀开了山东贯彻落实黄河战略的新篇章。

二、突出问题导向，加强生态保护

黄河流域的问题“表象在黄河，根子在流域”。针对沿黄流域调研和规划编制中梳理出的突出问题，山东积极推动沿黄地区生态保护和修复，坚持生态优先，评估调整沿黄地区生态保护红线，统筹山水林田湖草系统治理。

一是加强区域内水生态、水环境保护和修复。启动泰山区域山水林田湖草系统修复工程；实施湿地保护项目，地方配套投入120多亿元，清理、整治河湖违法问题近1.9万件。2017～2020年，山东压减3.77亿立方米地下采水量，治理水土流失面积4659平方千米。2019年，山东境内黄河干流水质达到Ⅱ类标准，沿黄九市地表水优良比例达到75.6%。

二是促进黄河三角洲生态保护和功能恢复。2002年至今，完成黄河三角洲退化湿地恢复35万亩，黄河三角洲自然保护区内湿地水面占比由15%增至60%。2019年，东营市启动了投资6.5亿元的九大湿地保护工程。从2008年起，连续多年对黄河三角洲自然保护区进行生态补水，2019年的生态补水量为1.33亿立方米，对恢复湿地生态功能起到重要作用。2005年以来，东方白鹳在自然保护区内繁殖了1954只，种群扩增了一倍。黄河三角洲自然保护区建区之初，鸟类有187种，现在已增至368种，野生动物增至

1627种。

三是开展东平湖生态保护和治理。东平湖是黄河下游唯一的蓄滞洪区，湖区31万亩湖面上曾围网养鱼12.56万亩，造成严重的水质污染，东平湖水质一度难以达到Ⅲ类水质标准。近年来，东平县开展了“清网净湖”“取缔餐船”“清障拆违”等九大攻坚治理行动，取得了良好成效，东平湖和其主要支流大汶河的水质稳定达到了国家Ⅲ类水质标准。2015年启动实施的东平湖库区避险工程已经完工；长度为20千米湖东滨湖生态林带示范工程，总投资2.3亿元，正在加速推进。

四是加强堤岸防护，提升防洪能力。“九曲黄河万里沙。”在山东境内，黄河大部分河段是地上悬河，“二级悬河”形势严峻。尤其是从黄河流入山东至东明县高村水文站长约56千米的河段，为游荡型河段，是历史上著名的“豆腐腰”堤段，对两岸堤防提出较高的防护要求。2016年以来，菏泽市黄河河务局通过加固、接长、下延、上延等方式，陆续对王高寨、辛店集、老君堂和苏泗庄等黄河控导工程进行了新修或改建。加固、改建了刘庄、贾庄等堤段的险工和护岸，提升了黄河下游堤岸防洪抗灾能力。

三、聚焦动能转换，提高发展质量

山东省自2018年实施新旧动能转换重大工程以来，以“凤凰涅槃、浴火重生”的战略定力推进经济发展方式转型和结构调整。经过三年的探索实践，山东的传统发展优势得以夯实塑强，新生发展优势得以加速凝聚，新旧动能转换初见成效，高质量发展的优势正在积厚成势。山东经济实现了从质量结构到体制机制、发展环境的系统性变革和重塑。2020年12月，在新旧动能转换“三年初见成效”评估中，评估组对山东省新旧动能转换工作和成效给予了充分肯定。[①] 山东省推进新旧动能转换、提高发展质量的举措和成效主要体现在以下三个方面：

一是加强创新型省份建设，发挥创新引领作用，为新旧动能转换提供创新人才、创新科技和创新平台支撑。全面实施山东省级大科学计划、大科学工程规划，启动了600多项重大科研项目，近三年获得69项国家科技奖励，位居全国前列。启动了首批5家省级实验室项目，山东产业技术研究院、高等技术研究院和能源研究院等创新平台相继成立。为了更好地促进产学研结合，组建了新的齐鲁工业大学和山东第一医科大学。截至2020年，山东共聘任了98位住鲁两院院士和海外学术机构院士，国家级和省级领军人才达到4145名。2020年11月7日，山东省人民政府和中国社会科学院在济南共同主办了黄河流域生态保护和高质量发展国际论坛，省政府向大会推介了山东在新旧动能转换、生态环保和交通基础设施等领域的259项重点项目。同时，揭牌成立了"中国社会科学院生态文明研究智库—中共山东省委党校（山东行政学院）黄河研究院"，旨在全面践行习近平生态文明思想，加强黄河流域重大问题研究和机制创新，推动山东深入贯彻落实黄河战略，以国际视野、全球眼光推动构建黄河流域共谋、共治、共建、共享新格局。

二是着力把淘汰落后动能、改造提升传统动能和培育壮大新动能相结合，推进新旧动能转换。"十三五"期间，在淘汰落后产能方面，山东省压减2110万吨粗钢产能、970万吨生铁产能和2800万吨焦化产能，关闭退出3767万吨煤炭产能和321万吨违规电解铝产能。山东省化工园区由199家压减到84家，总计2000多家不

---

① 山东省发展和改革委员会.全省新旧动能转换重大工程情况[R/OL].(2021-01-27).http://fgw.shandong.gov.cn/art/2021/1/27/art_188275_10288061.html.

达标的化工企业关闭退出，为新产业、新动能培育腾出了发展空间。在促进传统产业转型提升方面，山东实施了“万项技改”“万企转型”工程，启动投资在500万元以上工业技术改造项目7万余个。在培育发展新产业、新动能方面，2017年以来，山东省新一代信息制造业、高端装备产业和新能源新材料产业的增加值分别增长28.9%、25.7%和34%。[①] 近5年，山东新增102家上市公司，其中8家企业市值超过千亿元。截至2020年年底，山东省“四新”经济增加值占地区GDP的比重达到30.2%，共培育高新技术企业超过1.4万家，高新技术产业产值占规模以上工业企业总产值的45.1%，比2015年提高了12.6个百分点。

三是贯彻落实国家重大战略，打造乡村振兴齐鲁样板，推进黄河战略落地落实，增强山东特色和发展优势。山东大力推动乡村振兴战略，近5年建成6113万亩高标准农田，农业发展中科技进步贡献率超过65%。2019年以来，统筹整合涉农资金1673亿元，规范项目资金使用，为乡村振兴重大工程提供资金保障。2020年，山东省成为全国首个跨过万亿元农业总产值台阶的省份，农业总产值为10190.6亿元，粮食总产量为5446.8万吨，增长1.7%；畜牧产能稳定恢复，禽肉、猪肉、禽蛋产量分别增长7.0%、6.4%和6.8%。[②] 在推进黄河战略的贯彻落实方面，着眼发挥山东半岛城市群龙头作用，构建了“一群两心三圈”区域协调发展格局，推出促进沿黄地区生态保护和高质量发展的重大事项和重大项目556个，启动

---

① 山东省人民政府.省长李干杰向省十三届人大五次会议作政府工作报告[R/OL].(2021-02-03).http://www.shandong.gov.cn/.

② 山东省统计局、国家统计局山东调查总队.2020年山东经济运行逆势上扬 高质量发展行稳致远[R/OL].(2021-01-22).http://tjj.shandong.gov.cn/art/2021/1/22/art_6109_10284583.html.如无特殊说明，本章数据均来源于国家统计局和山东省统计局发布的各年度统计公报和统计年鉴。

了引黄灌区农业节水工程、南四湖生态保护和修复工程、黄河三角洲湿地生态修复与水系连通工程等重大项目建设。

四、协调区域发展，塑强发展龙头

区域之间发展不平衡、不充分的问题是新时代我国社会主要矛盾的重要方面。党的十八大以来，我国非常重视推进区域协调发展，先后把京津冀协同发展、长江三角洲区域一体化、粤港澳大湾区、黄河流域生态保护和高质量发展作为重大国家战略部署推进。实施区域协调发展战略，特别是黄河国家战略，是贯彻新发展理念、破解新时期社会主要矛盾、推动区域高质量发展的基本要求。中共山东省委、省政府把“发挥山东半岛城市群龙头作用”作为推动黄河国家战略在山东落地落实的主线和关键，将推动区域协调发展作为“八大发展战略”之一，着力构建山东半岛城市群“一群两心三圈”的区域发展格局。2020 年，山东省地区生产总值达到 7.3 万亿元，增长 3.6%，山东半岛城市群在带动沿黄地区中心城市和城市群高质量发展上具备良好基础。

一是坚持龙头引领，提升济南和青岛两大中心城市能级。山东省重视发挥济南、青岛两大中心城市的竞争力和带动力，建立了以中心城市引领、辐射和带动城市群发展的区域协调模式。济南和青岛因城区人口超过 500 万而迈入特大城市行列，从而成为山东半岛城市群的两个中心。济南发展定位为建设国家中心城市，出台了建设国家中心城市三年行动计划，正在加快北跨黄河进程、促进“拥河”发展，实施“产业兴城”战略，聚力打造工业互联网创新发展示范高地，高水准规划建设“中国算谷”。推进国际消费中心城市建设，打造对外开放高能级平台，正在推进自由贸易试验区济南片区、绿地全球贸易港、国际招商产业园等项目建设。青岛发展定位全球海洋中心城市，对标深圳建设“开放现代、活力时尚”的国际大都市。发挥沿海和开放优势，推动海洋生物、医药等海洋产业聚集区和产业集群建设，正在推进的134个涉海重点项目，总投资4000多亿元。青岛联合清华大学共同推进海工装备孵化平台建设，组建了中国海洋工程研究院；联合中国药科大学，促进医药研究成果在青岛集聚、转化，成立了创新药物研究院。2020年，青岛海洋产业投资增长5.7%，逐渐形成了“领军企业＋优势产业集群＋特色园区”的高质量发展模式。

二是坚持融合互动，推动省会经济圈、胶东经济圈和鲁南经济圈一体化发展。推动区域协调发展，山东省出台了省会经济圈、胶东经济圈和鲁南经济圈一体化发展指导意见，建立协调发展机制，促进区域战略统筹和创新产业发展，构建优势互补的区域经济发展新格局。在基础交通设施方面，到2020年，山东省内高铁通车里程2110千米，实现高铁在省内成环运行；高速公路通车里程7473千米，省内县域全部实现高速公路连通，交通便利程度大幅提升。在产业协同发展方面，推动8万家工业企业实现与海尔卡奥斯等工业互联网平台连接，充分发挥平台服务共享功能，提高生产效率和发展效益。省内文旅资源整合方面，以济南为中心的省会经济圈着力打造“山水圣人”黄河文化旅游线路，省会经济圈内7市市民均可办理济南市的公园年票。在公共服务共享方面，省会经济圈推动企业注册开办、药品耗材联合采购和职工公积金异地贷款等通办事项；胶东经济圈推动实现“一卡通”医疗；鲁南经济圈则推动文化旅游资源同城化共享、文化旅游精品线路对外共推等。山东半岛城市群在推动区域一体化发展中建立了便利的交通设施、密切的产业协作、共建共享的合作互助和顺畅的要素流动机制。

三是发挥对外开放优势，融入发展新格局。山东立足沿海区位优势，积极响应“一带一路”倡议。2020 年，与“一带一路”沿线国家外贸进出口额达到 6608.2 亿元，同比增长 9.1%，比全省外贸进出口增速高 1.6%，“一带一路”沿线国家外贸进出口额占全省外贸进出口额的 30%。2020 年山东对“一带一路”沿线国家投资 157.1 亿元，同比增长 16.8%。抢抓黄河战略机遇，加强与其他沿黄 8 省（区）对接，提出了黄河流域 7 个领域近 100 个合作事项。谋划了黄河口国家公园、沿黄达海高铁大通道、沿黄科创走廊和特色优势产业带等一批重大项目，为山东发挥黄河流域高质量发展龙头作用提供了重要支撑。

五、着力改善民生，提高民生福祉

“十三五”期间，山东省聚焦民生改善，就业形势稳定，年新增就业 120 万人以上，居民基础养老金最低标准由 85 元/人·月提高到 142 元/人·月。积极推进“医养结合”和“互联网＋医疗健康”体系建设，居民和职工医保住院报销比例提高到 70%左右和 80%以上。2020 年，山东省城镇新增就业 122.7 万人，年末城镇登记失业率为 3.1%，比上年下降 0.2%。城乡居民收入增加，人均可支配收入达到 32886 元。

2020 年，山东城镇和农村居民的低保标准分别增长 55%、98%，实现了省级贫困标准以下 251.6 万人口脱贫，8654 个省扶贫工作重点村退出，脱贫攻坚取得了决定性成就。此外，黄河滩区居民迁建工程事关黄河安澜，也是民生大事。2017 年以来，山东省启动了以“外迁安置、就近筑村台、筑堤保护、旧村台改造提升和临时撤离进行道路改造提升”等 5 种方式为主的滩区脱贫迁建工程。截至 2020 年年底，已完成 60 万黄河滩区群众的迁建任务，沿黄地区人民的幸福感、获得感不断提升。

第三节　黄河流域山东段的问题挑战

自2019年以来，山东在深入推进黄河国家战略上做了一些探索，取得了阶段性成效。目前，山东沿黄地市生态保护和高质量发展存在着产业发展水平不高、面临水资源紧缺刚性约束、生态环境问题仍较突出、黄河三角洲面临生态退化风险和流域统筹治理能力需要加强等问题。

一、山东沿黄地区产业发展水平不高

山东沿黄地区经济社会发展中还存在不少矛盾和制约，发展不平衡、不充分的问题依然比较突出。一是工农业绿色发展中创新含量有待提高，科技创新能力不足，工业产业集聚度不高；产业结构中传统产业和重化工业占比偏高，经济发展对资源、能源依赖仍较大，产业转型发展任务较重；工业生产污染物排放消减困难，导致生态环境保护特别是区域大气污染防治压力较大。二是沿黄九市中工业化城市占比较高，重工业占总产值比重长期保持在80％以上，经济增长倚重工业、倚重投资的倾向十分明显。三是除了传统产业、重化工产业占比较大的问题之外，新经济增长动力不足的问题也较为突出，主要表现为新兴产业尚未形成主导优势，以科技创新为主要推动力的现代经济增长模式还没有形成，国有投资为主的投资模式没有实质性改变，民间投资活力不够、效率不高，大项目引领全域经济发展的能力欠缺。四是沿黄地区农业生产方式仍以传统生产方式为主，施用农药、化肥等化学投入品较多，生态农业发展不快，农业生态防控技术推广应用不足，限制了

农业的绿色发展。生态农产品供应体系不健全、品牌影响力不足，沿黄地区省级农产品知名品牌数量仅占全省农产品知名品牌的15%左右。

二、区域发展的水资源刚性约束加剧

山东省是北方缺水型省份，水资源总量是308亿立方米，人均水资源占有量344立方米，仅为全国人均占有量的13%。水资源供需矛盾和工程性缺水问题突出，水资源短缺日益成为山东高质量发展的“瓶颈”，沿黄25个县(市、区)的一般年份缺水量7.98亿立方米。[①] 山东省发展的水资源约束主要表现为：一是引黄水量指标偏少，山东省节水水平在全国领先，但按照经济社会发展水平和经济总量，分配给山东省的引黄指标水量不能满足山东省生态文明建设和经济社会可持续发展的用水需求。二是生态用水短缺导致生态格局维持受限，黄河沿线各市无生态用水指标，导致各地难以对河湖进行有效生态补水，制约河湖水质的持续改善。大汶河及其支流河道缺乏生态用水，河道沿线为拦蓄河水设置多座闸坝，导致戴村坝下游河道断流，河流生态功能难以保障。黄河三角洲自然保护区的湿地恢复区18万亩，需要补水量为2.43亿～3.05亿立方米/年。三是黄河季节性缺水威胁生态多样性，2002年以来，黄河每年7月份进行调水调沙，黄河水量较大的只有伏汛，严重威胁到已经适应了“四汛”并利用汛期生存繁衍的黄河沿岸及河内生物物种，“河-海-陆”水文连通受阻，隔断了鱼类洄游，导致在河口近海产卵繁殖的物种减少，黄河三角洲湿地生物多样性和生态功能受到威胁。

---

① 高妍蕊.“地处下游，力争上游”：践行“黄河国家战略”的山东实践[J].中国发展观察，2020(8):26-30.

三、沿黄地区生态环境问题依然突出

大气污染关键指标改善压力大。山东省黄河流域产业结构以资源能源消耗为主，传统产业结构比重大，污染物排放量大，转型发展任务重。2019 年，沿黄九市 PM2.5 年均浓度为 56 微克/立方米，比全省平均浓度高 6 微克/立方米，超出国家二级标准 21 微克/立方米。2020 年，我省优良天数比例要达到 69.7%，压力主要集中在济宁、济南、淄博和德州等 5 个市。山东省处于全国 168 个重点城市后 20 位的淄博、聊城均为沿黄城市。

地表水环境质量提升难度大。“十四五”期间，山东省黄河流域国控考核断面增至 17 个，由于部分区域城镇基础设施欠账较多，畜禽养殖管理运营模式相对粗放，农业农村面源污染缺乏有效治理措施，部分国控断面水环境质量提升难度较大。东平湖总磷浓度一直处于达标边缘，北大沙河入黄河口处水质为劣Ⅴ类，大汶河泰安段水质长期处于Ⅳ类水平。近岸海域水质输入污染管控难。由于河流和海洋水质考核标准体系不同，河流水质不考核总氮指标，而海洋水质却考核无机氮，黄河中上游地区输入无机氮污染物，是造成近岸海域水质超标的主要因素。审计署在组织环渤海生态环保专项审计反馈时指出，“2018 年，经黄河排入渤海的无机氮达 14.04 万吨”。2019 年，黄河入海口有 13 个站位集中出现无机氮超标问题，东营市近岸海域水质优良面积比例仅为 43.3%。

农业面源污染防治任务繁重。山东黄河河道两岸河滩地上广泛种植农作物，化肥、农药、农膜、生长调节剂等普遍使用。2019 年，沿黄 25 个县（市、区）的化肥、农药施用量约 62 千克/亩、0.40 千克/亩，农作物不能充分利用的化肥、农药会造成土壤污染，大部分化学农药的分解周期很长，和化肥一起长期残留在土壤中将导致土壤板结和总氮富余。此外，沿黄地区农村生活污水治理设施覆盖率较低，农村黑臭水体整治刚刚起步，全面治理任务依然繁重。

四、黄河三角洲面临着生态退化风险

黄河三角洲是黄河下游生态环境相对比较脆弱的区域。近年来，受到黄河入海水沙减少等因素影响，黄河三角洲地区出现了不同程度的土壤盐碱化、土壤沙化、湿地退化和互花米草等外来有害生物入侵等生态问题，面临着湿地生态退化风险。存在的主要问题：一是黄河来水来沙量降低，影响黄河下游生态格局。黄河来水来沙量减少导致黄河三角洲区域海水倒灌和海岸带侵蚀，湿地生态需水严重不足，河口自然湿地近 30 年减少约 52.8%，盐地碱蓬等滨海湿地传统优势物种面积逐步萎缩。东营市湿地面积 330 余万亩，其中 1/3 以上的湿地由于淡水补充不足面临萎缩、退化。二是土壤缺水性盐碱化致使人工林地大面积退化。黄河水量不足导致黄河三角洲地下水水位下降，造成海水倒灌入侵，同时降低了河水泛滥淤泥压制沙碱的能力，黄河三角洲土壤盐碱化加剧。自 20 世纪 90 年代初开始，黄河三角洲的许多林场出现人工刺槐林枯梢或成片死亡的现象，人工林死亡面积已超过 60%，面临整体崩溃式退化的风险。三是外来物种入侵及大量围海开发破坏了生态平衡。据海洋与渔业部门 2016 年统计，互花米草在东营沿海滩涂面积已达 39.7 平方千米，严重威胁海滨湿地的生物多样性；近几十年来黄河三角洲开展大规模的围填海工程，破坏了海、河、陆间的良性水文交互和循环，造成盐沼湿地和滩涂湿地退化严重，盐地碱蓬、柽柳等黄河三角洲滨海湿地传统优势物种面积出现严重萎缩。

五、流域环境协同治理能力需要加强

目前，黄河山东段仍面临着严峻的防洪减灾形势。习近平总书记在讲话中强调："尽管黄河多年没出大的问题，但黄河水害隐患还像一把利剑悬在头上，丝毫不能放松警惕。"[①]黄河山东段河道多高于两岸地面4～6米，设防水位高出两岸地面8～12米，是典型的"二级悬河"。当前，山东黄河的洪水风险尚未完全破解。流域环境风险隐患较多。山东沿黄九市分布了全省近60%的化工园区，各类危险化学品、危险废物生产储运给黄河沿线带来一定的风险；黄河滩区部分饮用水水源地存在管护机制不健全、水源地周边环境较差等问题，滩区内大面积的农业种植及居民生产生活对流域生态环境造成一定的影响。黄河流域生态环境保护河海统筹和上下游协同联动机制尚不完善，流域空间协同治理能力薄弱；黄河流域生态环境保护资金投入不足，财政奖补和生态补偿制度有待进一步完善；黄河流域生物多样性保护、生态补水等基础研究需要进一步深化；泰山生态区、黄河三角洲等重点区域的监测评估、生物多样性观测能力亟待提升。

第四节　推动黄河流域山东段发展的对策建议

"黄河宁，天下平。"促进黄河流域生态保护和高质量发展，要以习近平生态文明思想为指导，"共同抓好大保护、协同推进大治理"，紧扣生态保护和高质量发展两个关键，聚焦解决山东黄河流域在生态保护和高质量发展中面临的突出问题，在推动沿黄地区

① 习近平.在黄河流域生态保护和高质量发展座谈会上的讲话[J].求是，2019(20)：4-11.

产业绿色转型、水资源保护和集约高效利用、系统开展污染防治、实施黄河三角洲生态保护和修复、构建协同治理机制和传承弘扬黄河文化等方面全面突破。

一、加强科技创新，推动产业绿色转型

科技创新是促进绿色低碳发展的技术保障。“十四五”时期，科技创新在环境污染防治、传统产业转型升级、新产业新动能培育等领域将发挥决定性作用。2021年的《山东省政府工作报告》中指出，山东要“加快科技自立自强，全力建设高水平创新型省份”①。一是完善科技创新体系，构建多层次实验室体系，深入实施省委提出的大科学计划和大科学工程。推动大型工业企业成立服务于自身创新发展和行业高质量发展的研发机构；推动国家高新技术企业和科技型中小企业“双倍增”计划在山东落地落实。二是要加强创新平台支撑，创建综合性国家科学中心，加快建设中科院济南科创城，助力重大科技创新攻关。三是针对“十强”产业发展瓶颈问题，着力突破“卡脖子”核心技术研发，保障高新产业链供应链安全。四是突出企业创新主体地位，大力培育创新型领军企业和科技型中小企业，鼓励由企业牵头组建创新联合体推动产业合作。五是加强人才培育和引进，提升泰山产业领军人才工程，鼓励青岛探索建设院士创新特区，发挥高层次人才在产业创新发展中的核心作用。

加强科技创新，推动产业绿色转型，要把淘汰落后产能、培育壮大新动能和发展现代产业体系等相结合，深入推进资源节约集约利用。继续淘汰传统落后产能，分行业制定和实施落后产能淘

① 山东省人民政府.省长李干杰向省十三届人大五次会议作政府工作报告[R/OL].(2021-02-03).http://www.shandong.gov.cn/.

汰方案，推动落后动能有序退出。培育新动能，就要支持新一代信息技术项目，加快工业互联网赋能。抓好“现代优势产业集群＋人工智能”试点示范项目，支持青岛打造世界工业互联网之都，促进大中小企业融通发展。发展现代产业体系，重点培育战略性新兴产业，实施企业自动化、数字化和智能化技术改造。开展“数聚赋能”行动，发挥山东大数据优势，提升产业链和供应链现代化水平。促进济南国家新一代人工智能创新发展试验区、青岛国际客厅等重大平台建设。

二、推进水资源保护和集约、高效利用

作为我国第二大河，黄河水资源总量不足长江水资源总量的7%，黄河流域人均水资源占有量仅为全国平均水平的27%。然而，黄河流域水资源利用方式还比较粗放，水资源开发利用率高达80%，远远超过40%的生态警戒线。面对尖锐的用水矛盾，习近平总书记强调指出，要坚持“有多少汤泡多少馍”[①]，要求我们牢牢把握“以水而定、量水而行”的原则要求。依水而定，就是要把节约和保护水资源放在优先位置，作为衡量战略实施成效的重要标尺。量水而行，就是要把维护河流健康、改善水生态环境、平衡水沙关系等作为重中之重。把水资源作为最大的刚性约束，牢牢把握水资源先导性、控制性和约束性的作用，统筹全流域生产、生活、生态用水，推进水资源节约、集约、高效利用。

水资源是当下和未来城市发展的最大刚性约束之一，实现水资源的可持续高效利用，也是经济高质量发展的必然要求。山东应着力推进水资源保护，重点实施饮用水水源地保护建设工程、健

① 习近平.在黄河流域生态保护和高质量发展座谈会上的讲话[J].求是，2019(20):4-11.

康水生态保护示范工程、地下水环境保护工程。系统优化水资源配置,重点完善水资源配置保障工程体系,加快非常规水源开发利用,创新水资源高效利用体制机制。全面建设节水型社会,重点打造节水农业示范区,提升工业节水效能,推进城镇生活节水。其一,推进农业节水增效,要进一步完善节水灌溉设施,普及推广高效节水灌溉技术。同时,优化调整作物种植结构,适度实施轮作休耕;实施规模养殖场节水改造和建设,推广节水型畜禽养殖方式。其二,提升工业节水效能,要大力推进现有工业节水改造,推动水循环利用,形成"低投入、低消耗、低排放、高效率"的"三低一高"型节约增长模式。其三,推进城镇生活节水,要以海绵城市建设试点为契机,全面推进节水型城市建设;深入开展公共领域节水,在公共建筑、行政事业单位推广节水应用技术和产品;控制高耗水型服务业用水和各行业用水定额,积极研发、推广水的循环利用技术。

三、加强污染防治,精准科学依法治污

近些年来,山东省开展污染防治攻坚力度大、措施实,取得了明显成效。同时,随着生态环境治理的深入推进,也遇到一些深层次的难题与矛盾,治理难度不断增加。在"十四五"时期,深入打好新时期污染防治攻坚战,更要讲究方式方法,要系统开展污染防治,确保取得更好的治理成效。山东沿黄地市首先应强化能源消费"双控",从源头进行污染防治。其次,突出抓好河湖排污口排查整治和黑臭水体治理,有效控制面源污染。在治理方式、方法上,应突出精准治污、科学治污和依法治污。

精准治污,要抓住主要问题,进行重点突破。精确识别污染源、明确治理对象,通过数据分析找出影响环境质量的主要因素;通过环境监测、污染源普查、环保督察、群众信访等方式,确定突出

问题和薄弱环节。针对问题不同特点和成因，对症下药，靶向治疗。根据企业的治污能力、环境管理水平及守法情况，实行差别化管理。科学治污，要明确重点任务，创新治理模式。加强污染物生成转化规律研究，实施细颗粒物和臭氧协同治理。加快海洋大省到海洋强省建设，消劣、净滩、打造美丽海湾。加强地下水超采及污染治理、大宗固体废弃物处理、土壤生态修复和农村环境污染治理。支持第三方治理、环保管家等创新模式，提升治理效能。依法治污，要树立法治思维，坚持依法行政。避免“拍脑袋”式决策，杜绝平时不作为、“一刀切”。依法履职、严格执法，落实企业治污主体责任，逐步提高违法罚款上限，解决违法成本过低问题。规范自由裁量权，避免随意执法、任性处罚。

四、实施黄河三角洲生态保护修复工程

黄河三角洲是黄河唯一入海口，附近海域是我国海洋经济种类重要产卵场、育成场。黄河三角洲生态保护和修复，重在解决由于生态流量缺失而造成的三角洲湿地退化和河口低盐萎缩、区域自然保护地体系混乱和生物多样性降低问题。要着力保障三角洲和河口的基本生态需水，遵循黄河口自然演变规律，实施黄河三角洲湿地生态系统修复工程，建立国家公园体系，严格保护河口新生湿地，重点保护河口淡水湿地，以自然修复为主，控制大规模人工生态重建，保护黄河口原生态系统，建议采取以下具体措施：

一是创建黄河口国家公园。加快自然保护区功能区优化调整，合理划定核心保护区和一般控制区；加强黄河三角洲自然保护地建设，构建自然保护地分类分级管理体制；建设黄河三角洲自然保护区保护管理能力提升及公共服务设施提升工程，促进自然保

育、巡护和监测的信息化、智能化。二是实施黄河三角洲湿地生态保护与修复工程。实施退耕还湿、退养还湿等生态治理项目，修复滩涂湿地和河口新生湿地；实施清水沟流路生态补水等工程，对黄河清水沟主流路，刁口河备用流路及黄河三角洲区域内流域面积100平方千米以上的入海河流路进行生态补水，促进黄河三角洲湿地、河流生态系统的健康发展。三是实施黄河三角洲生物多样性保护工程。加强黄河沿岸湿地资源、植物、动物等生物多样性保护。强化自然保护区、种质资源保护区建设，重点对野大豆、罗布麻、天然柽柳等生境进行封闭式保护管理；实施互花米草治理工程，加强外来入侵物种的治理。开展鸟类栖息地保护行动，保护好鸟类迁徙中转站、越冬地和繁殖地；严格执行海洋休渔政策，增加黄河、刁口河等入海淡水量，保持5～6月份月均22亿立方米的最低入海径流量，维持黄河口海域不低于500平方千米的低盐区，建设海洋生物综合保育区，促进黄河带鱼、小黄鱼、中国对虾等传统鱼虾蟹贝类的繁衍恢复。四是实施河口、海湾污染防治工程。开展入河入海排污口排查整治，对东营、滨州2市入河入海排污口进行规范化整治；开展海水养殖污染治理，加快河口区生态渔业工厂化养殖尾水处理、水产养殖废水循环示范利用等项目建设，推动海水池塘和工厂化养殖升级改造；开展入海河流和近岸海域垃圾综合治理和船舶污染治理，完善港口、船舶污水处理设施，禁止船舶向水体超标排放含油污水。

五、构建沿黄地区协同治理和发展机制

加强黄河沿线城市建设与合作，建立跨省（区）和本省（区）城市合作机制，推动资源共享、优势互补，实现本地优势发展与区域之间协作发展有机结合，更好地发挥黄河流域高质量发展龙头作

用。一是加强区域合作，推进山东沿黄九市协调发展。提升济南、青岛核心城市竞争力，发挥辐射带动作用，强化济南都市圈、青岛都市圈引领，推动全省区域一体化发展。二是发挥沿海区位、海洋强省、开放通道等比较优势，在解决黄河流域城市群发展共性问题上发挥示范作用。推动黄河流域跨区域合作，探索城市群协同发展新机制，建设黄河科技创新大走廊，共建黄河现代产业合作示范带。三是聚焦要素配置，创新合作机制和合作渠道，建设黄河流域城市群与国家重点城市群之间互动合作的战略枢纽。深度融入京津冀协同发展，精准对接雄安新区规划和建设需求，掌握其产业布局情况，主动承接航空航天、教育医疗等高端产业转移，建设高端合作交流平台。

六、传承弘扬黄河文化，讲好黄河故事

新时代围绕建设现代化强省的总体目标，山东应积极推动黄河文化的研究阐释、弘扬黄河精神、打造黄河文化标识、彰显黄河文化的时代价值，努力把黄河文化的优势转化为我们推进现代化强省建设和迈向高质量发展阶段的精神动力。

具体而言，一是打造黄河文化标识。打造黄河文化标识是延续历史文脉、讲好黄河故事的重要的形式，是塑造山东省黄河文化的整体形象，凸显山东黄河文化地位的重要载体。重视黄河文化精神的深入挖掘和提炼，着力塑造黄河入海的文化品牌的形象，为打造黄河文化标识提供内在的支撑。二是弘扬和彰显黄河精神的时代价值，宣传和弘扬黄河精神。深入挖掘黄河文化蕴含的精神财富，全面融入现代化强省建设。黄河是一条承载着中华文明基因、传播民族力量的大动脉，黄河文化中蕴含的团结奋争、百折不挠、自强不息、无私奉献等优良精神基因，最终将演化为伟大的中

华民族精神。三是推动黄河文化全面融入生产生活，以齐鲁优秀传统文化创新工程为引领，形成完善的黄河文化研究、教育、实践，养成、保护和传承传播交流体系，构建黄河文化保护传承弘扬的大格局，推动黄河文化进校园、进教材、进课堂。加强黄河文化展示、传播和推广，把黄河文化蕴含的优秀思想理念、人文精神和道德规范转化为广大人民的价值认知、情感认同和行为习惯。

为者常成，行者常至。随着黄河流域生态保护和高质量发展重大国家战略的深入实施，山东将努力拓宽高质量发展空间、厚植绿色发展新优势，在加强黄河流域生态保护、推动高质量发展和传承弘扬黄河文化中发挥龙头作用，在“让黄河成为造福人民的幸福河”的实践探索中贡献应有的力量。

参考文献

[1]习近平.习近平谈治国理政(第三卷)[M]北京:外文出版社,2020.

[2]习近平.在黄河流域生态保护和高质量发展座谈会上的讲话[J].求是,2019(20):4-11.

[3]习近平.论党的宣传思想工作[M].北京:中央文献出版社,2020.

[4]习近平.高举中国特色社会主义伟大旗帜　为全面建设社会主义现代化国家而团结奋斗——在中国共产党第二十次全国代表大会上的报告(2022年10月16日)[M].北京:人民出版社,2022.

[5]习近平.在中国科学院第十九次院士大会、中国工程院第十四次院士大会上的讲话[N].人民日报,2018-05-29(2).

[6]党的十九大报告辅导读本[M].北京:人民出版社,2018.

[7]习近平在四川考察时强调　深入贯彻新发展理念　主动融入新发展格局　在新的征程上奋力谱写四川发展新篇章[N].人民日报,2022-06-10(1).

[8]习近平在深入推动黄河流域生态保护和高质量发展座谈

会上强调 咬定目标脚踏实地埋头苦干久久为功 为黄河永远造福中华民族而不懈奋斗[N].人民日报,2021-10-23(1).

[9]中共中央国务院.黄河流域生态保护和高质量发展规划纲要[N].人民日报,2021-10-09(7).

[10]中华人民共和国国民经济和社会发展第十四个五年规划和2035年远景目标纲要[N].人民日报,2021-03-13(10).

[11]胡锦涛.坚定不移沿着中国特色社会主义道路前进 为全面建成小康社会而奋斗——在中国共产党第十八次全国代表大会上的报告[N].人民日报,2012-11-09(2).

[12]李干杰.牢记嘱托走在前 勇担使命开新局 为建设新时代社会主义现代化强省而努力奋斗——在中国共产党山东省第十二次代表大会上的报告(2022年5月28日)[N].大众日报,2022-06-10(1,3).

[13]黄河水利委员会黄河志总编室.黄河志·卷二·黄河流域综述[M].郑州:河南人民出版社,1998.

[14]李希宁,杨晓方,解新勇.黄河基本知识读本[M].济南:山东省地图出版社,2010.

[15]《话说黄河》编写组.话说黄河[M].广州:广东世界图书出版社,2013.

[16]方士华:中国江河湖泊文化传奇[M].北京:现代出版社,2015.

[17]林炜,傅艳蕾.系统治理:新发展阶段下生态治理的新路径[J].北京科技大学学报(社会科学版),2021,37(5):463-469.

[18]吴锡.生态文化视域下我国公民生态环保意识的培养研究[J].低碳世界,2018(4):14-15.

[19]向鲜花,张嘉辉.重大工程创新生态系统治理及绩效评价研究[J].会计之友,2022(6):112-117.

[20]戴勇,刘颖洁.基于组态分析的数字平台生态系统内部治

理因素及效果研究[J].科研管理,2022,43(2):46-54.

[21]危小超,潘港美.创新生态系统治理研究——基于三方演化博弈的视角[J].北京邮电大学学报(社会科学版),2022,24(2):68-78.

[22]颜永才.产业集群创新生态系统的构建及其治理研究[M].北京:新华出版社,2015.

[23]孙勇,汪亚林,张亚峰.黄河流域科技创新的时空格局及其经济效应[J].科技管理研究,2022(5):1-9.

[24]邢霞,修长百,刘玉春.黄河流域水资源利用效率与经济发展的耦合协调关系研究[J].软科学,2020,34(8):44-50.

[25]刘晓博.深圳,正在"蝶变"[J].特区经济,2021(9):41-42.

[26]都潇潇.巧借黄河低滩区 开辟治沙新途径[N].黄河报,2006-08-29:(1).

[27]邓子恢.关于根治黄河水害和开发黄河水利的综合规划的报告[M].北京:人民出版社,1995.

[28][美]丹尼尔·贝尔.后工业社会的来临[M]高铦,王宏周,魏章玲,译.北京:新华出版社,1997.

[29]秦华,任保平.黄河流域城市群高质量发展的目标及其实现路径[J].经济与管理评论,2021,(6):26-36.

[30]盛广耀.黄河流域城市群高质量发展的基本逻辑与推进策略[J].中州学刊,2020,7(7):21-27.

[31]余东华.黄河流域产业生态化与生态产业化的战略方向和主要路径[J].山东师范大学学报(人文社会科学版),2022,67(1):128-137.

[32]王海杰,李同舟,贾傅麟.黄河流域制造业绿色竞争力评价及空间分异研究[J].山东社会科学,2022,2(1):49-57.

[33]谭其骧.中国历史地图集[M].北京:中国地图出版社,1987.

[34]袁行霈,陈进玉.中国地域文化通览:山东卷[M].北京:中华书局,2013.